제2판

AI(Artificial Intelligence) Era
New Service Manner

AI시대 New 서비스 매너

손해경 저

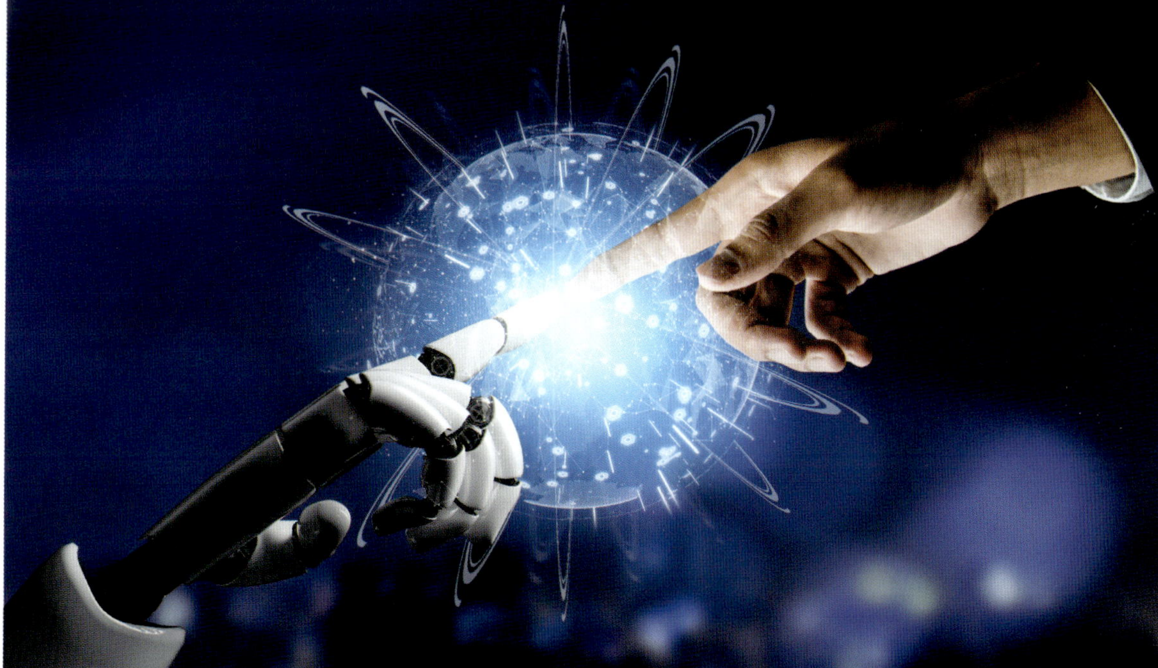

(주)백산출판사

머리말

4차 산업혁명[1]기술 및 AI(인공지능)의 진화는 전 산업에 걸쳐 막을 수 없는 시대적 흐름이고 대세이다. 4차 산업혁명은 인적자원에 대한 의존도가 매우 높은 기존 서비스산업의 패러다임을 완전히 바꾸어 놓았다. 인적자원 중심의 서비스에서 벗어나 AI(인공지능)와 사람의 협업이 강점이 되는 융·복합 서비스형태의 신-패러다임으로 전환되었고, 이는 가속화될 것이다.

그럼에도 불구하고, 환대서비스 산업에서의 고객만족 서비스경영 핵심은 사람만의 융·복합 창의적인 사고 활동에 기반을 둔 정감 넘치는 따스함과 편안함이 기본이다. 서비스직원과 고객의 긍정적 상호작용은 고객만족의 중요한 접점으로서 환대기업의 강력한 경쟁력이 된다. 기계나 AI(인공지능) 로봇이 대신할 수 없는 즉, 사람만이 할 수 있는 깊이 있는 공감, 감동, 생각 등 유연한 서비스는 경영의 효율성, 경제성, 생산성의 극대화 전략이 된다. 때문에, 4차 산업혁명 기술 및 AI(인공지능)의 진화가 가속화되고, 이에 대한 수용 정도가 높아지더라도 환대서비스 기업에서는 사람 고유의 감성을 중요시하고 주력하여 특화시켜 나갈 것이다.

세계적 석학인 데니스 노블(Dennis Noble) 옥스퍼드대학교 종신교수는 적어도 아직은 인간이 AI(인공지능)에 앞서는 부분은 '유연성(flexibility)'이라고 강조한 바 있다. 세계적 경제학자 토머스 대븐포트(Thomas H. Davenport)도 AI(인공지능) 로봇이 '자율적 사고'와 '행동'을 할 수 있지만, '유연성'과 '상황대처 능력'은 매우 한정적이기 때문에 이 부분은 인간을 능가하기

1) 4차 산업혁명이란 사람과 사물, 사물과 사물이 무선인터넷으로 정보를 주고받는 상호통신성을 가지며, 기존 사업에 생산성 혁신을 제공하고 삶의 양식이 총체적으로 변화하는 현상이다(https://pkleri.blog.me).

어렵다고 주장했다. 후지노 다카리노는 AI(인공지능)는 논리적이면서 구조적인 영역에서 강한 반면, 비논리적/비구조적이거나 감성적인 부분에서는 약할 것이라고 했다. 이는 사람의 따스함이 경쟁력인 환대서비스 기업에서도 AI 시대를 맞이하여 창의 융·복합적인 새로운 서비스혁신이 필요하다는 것을 보여주는 주장으로 생각된다.

이러한 배경 아래 본서에서는,

첫째, 서비스 거래가 이루어지는 동안에 고객의 긍정적인 정서와 좋은 기분을 끌어낼 수 있는 창의적이고 융복합사고 기반 서비스 인재 양성에 목적을 두었다. 그 실천적 방안으로, 서비스 현장 '실무능력' 강화에 초점을 둔 교육내용으로 구성하였다.

둘째, 환대서비스는 AI(인공지능)와 사람이 상호 협조하며, 시너지 효과를 극대화 시킬 수 있는 대표적 산업 분야라는 점에 주목하였다. 이에 환대서비스 기업의 현장에서 제공되고 있는 다양한 AI(인공지능) 서비스 소개와 4차 산업혁명 개념을 살펴보았다.

마지막으로, 본서가 AI(인공지능) 시대에 환대서비스 실무현장에 적용 가능한 '서비스 매너' 교육의 기초 자료로써 활용될 수 있기를 기대한다.

2020년 08월

저자

차 례
Contents

PART 1

AI(인공지능) 시대 서비스의 이해

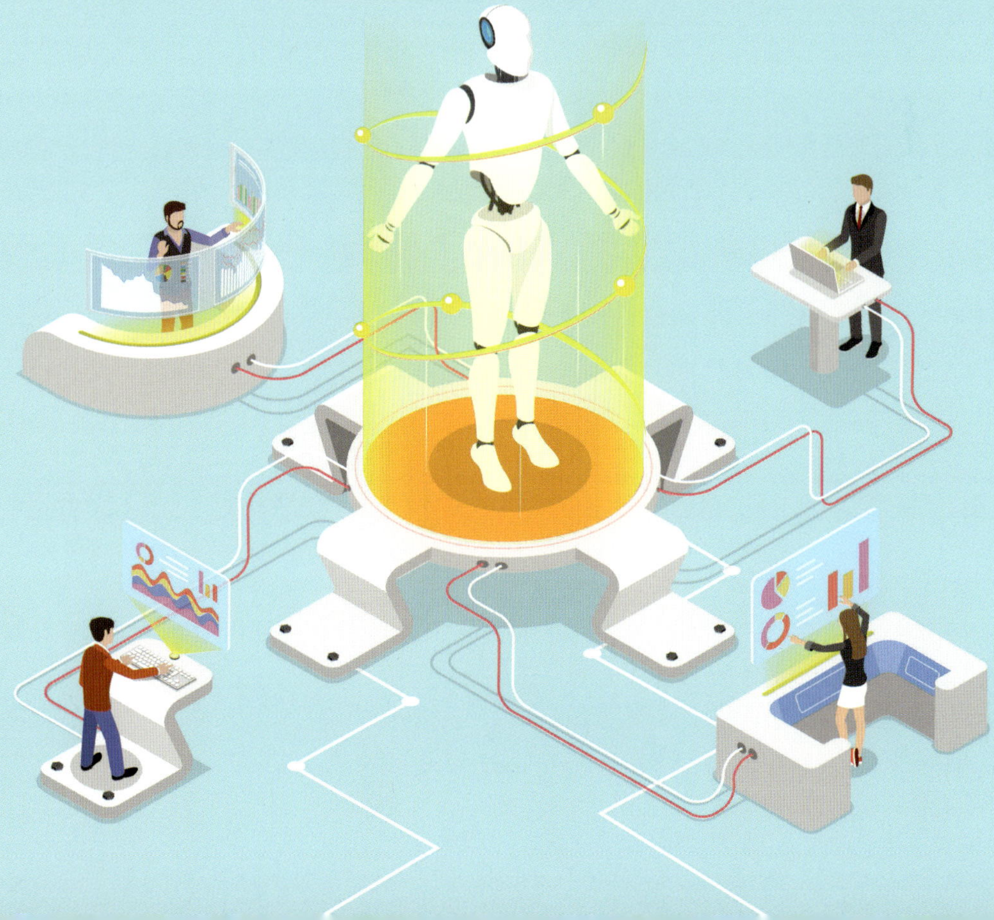

CHAPTER

1

서비스 개념

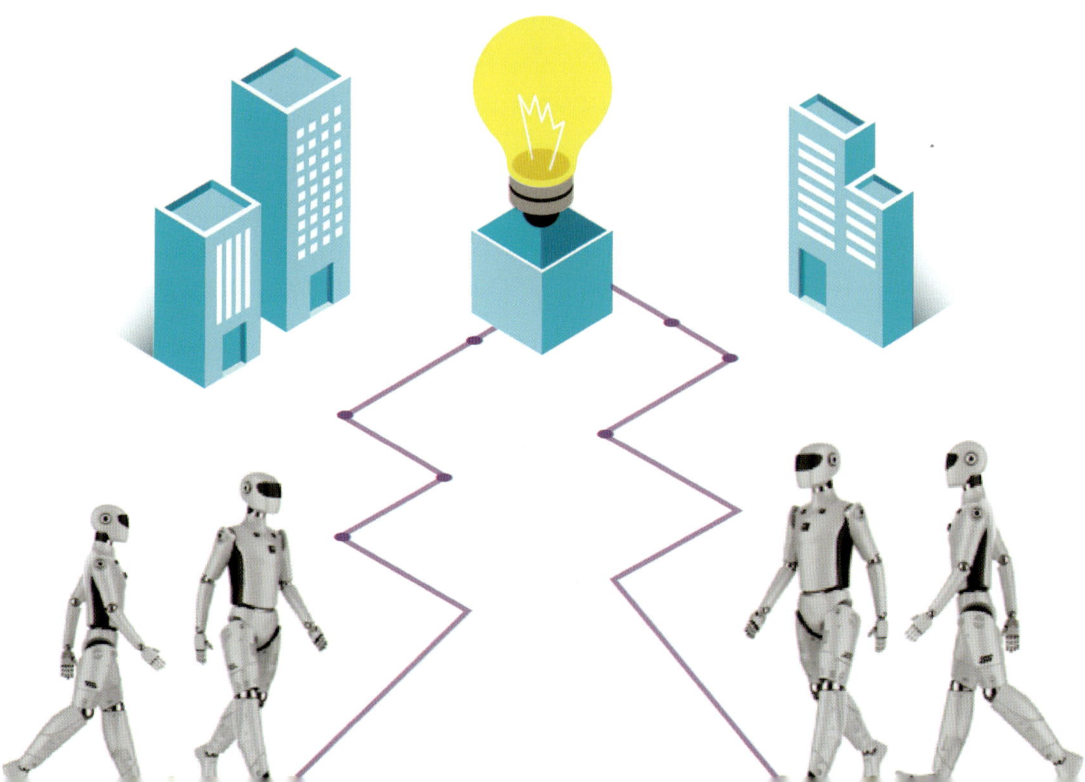

PART 1 AI(인공지능) 시대 서비스의 이해

Chapter 1 서비스 개념

1. 전통 서비스
2. AI; Artificial Intelligence(인공지능) 시대 뉴-서비스
3. 환대기업의 AI(인공지능) 활용

Chapter 2 서비스의 특성

1. 무형성(Intangibility)
2. 비분리성(Inseparability); 생산과 소비의 동시성
3. 이질성(Heterogeneity); 품질 균등의 어려움
4. 소멸성(Perishability); 저장 불가능성

Chapter 3 서비스 구분

1. 예절(禮節)
2. 에티켓(Etiquette)
3. 매너(Manner)

1 Chapter

서비스 개념

[1] 전통 서비스

서비스의 사전적 정의는 "생산된 재화를 운반 · 배급하거나 생산 · 소비에 필요한 노무를 제공하는 것", "개인적으로 남을 위하여 돕거나 시중을 드는 것", "장사에서 값을 깎아 주거나 덤을 주는 것"이다. 사전적 정의에서도 알 수 있듯이, 서비스는 유 · 무형적으로 광범위하게 정의된다.

특히, 글로벌 경영 환경에서 서비스 비중이 높아짐에 따라 서비스는 다양한 측면에서 광범위하게 정의되고 있다. 이런 가운데, 일반적으로 '서비스'라고 하면, 단순한 반복 접점에서의 고객 응대이거나 무료로 제공되는 것들로 이해되었다. 예를 들어, 마트에서 판매하는 즉석식품의 경우 마감시간이 임박하면 가격을 약 30~50% 저렴하게 판매하거나, 한 개를 구매하면 덤으로 한 개 또는 두 개를 주기도 한다. 호텔 숙박의 경우, 와인 또는 과일바구니를 무료로 제공하기도 한다. 이럴 때 가격인하 또는 무료로 제공되는 것을 '서비스'로 드린다고 한다.

그러나 이런 단순 서비스로는 치열한 서비스경쟁 환경에서 서비스 차

별화 전략 수립이 어렵다. 특히, 사람과 사람 간 상호작용을 통한 서비스 평가가 기업의 성/패를 좌우하는 환대서비스 기업에서는 더욱더 그렇다. 고객의 마음이 곧 서비스 평가의 기준이 되는 환대기업에서의 서비스는 1점의 마이너스도 허용되지 않는다.

- "100점 아니면 0점밖에 없다. 1점이라도 마이너스가 있다면 그것은 0점이며 이런 경우, 고객이 떠나버릴 가능성이 매우 높다." *(디즈니랜드의 '손님에게 감동을 드리는 서비스' 중에서)*

따라서 서비스접점에서 면대면 서비스를 제공하는 서비스직원은 진심어린 마음과 밝은 모습으로 고객의 관점에서 생각하고 행동해야 한다.

"하나를 구매하면 하나는 덤으로 드려요."
"시식은 공짜입니다."
"커피 10잔 마시면 1잔은 무료로 드립니다."
"세트 구매하시면 가격 할인해 드립니다."
"물은 서비스입니다."
"Apps; Applications(롯데, 현대, 신세계, SK, GS SHOP, CJmall 등)으로 주문하시는 고객께는 무료로 배송해 드립니다."
"호텔, 외식, 골프 등 'App'으로 예약하시면 할인해 드립니다."

다양한 측면에서의 광범위한 서비스 개념에 대한 학자들의 정의를 살펴보면,

가. 경제학적 개념

- 애덤 스미스(Adam Smith)는 제품은 "유형재로서 생산적인 것"이며, 서비스는 "제품을 보조하는 비생산적인(unproductive) 것"으로 정의하였다. 즉, 서비스는 부(富)를 창출할 수 없기 때문에 '비생산적 노동'으로 간주한 것이다.
- 마셜(Alfred Marshall)은 서비스는 "비물질적인 제품(immaterial products)"으로서 제품과 서비스의 차이는 미미해서 구별할 필요를 느끼지 못한다고 주장하였다. 제품과 구별되는 '경제 재화'로서의 서비스에 대한 정의는 현대 경제학에까지 이어져 내려오고 있다.

나. 경영학적 개념

- 미국 마케팅 협회 AMA(American Marketing Association)에서는 "판매를 목적으로 제공되거나 제품판매와 연계해서 제공되는 활동, 편익, 만족"으로 정의하였다. 예를 들어, 호텔상품 판매를 위하여 "광고, 홍보, 홈페이지 관리, 직원교육, 직원의 접점 서비스 등 호텔 객실, 레스토랑 등의 판매촉진을 위한 모든 활동"이다.

반면,

- 스탠톤(W. J. Stanton)은 "소비자의 욕구 충족을 위한 무형의 활동으로서, 반드시 제품 또는 다른 서비스의 판매와 연계되지 않고도 독립적으로 인식 가능한 것"이라고 정의하였다.
- 베리(L. L. Berry)는 "제품은 유형물이나 고안물 또는 객관적 실체이며, 서비스는 무형의 활동 또는 노력"이라고 하였다.

다. 심리학적 개념

- 손대현은 서비스란 "고객에게 기쁨(delight)을 주는 것"이며, 서비스의 본질은 진심과 성의를 가지고 상대방과 마음을 나누는 '정서적 커뮤니케이션'이라고 정의하였다. 서비스는 상대방의 '기쁨'과 '심리적 만족'을 위하여 섬김과 봉사의 마음으로 정성을 다하는 것이라고 볼 수 있다. 즉, 사람과 사람 간 상호작용 속에서 이루어지는 '따스한 정(情)'이다.

라. 서비스 속성 중심 정의

- 코틀러(Kotler)는 "어떤 사람이 상대방에게 제공할 수 있는 활동이나 혜택으로서 무형적이며 소유될 수 없는 것"으로 정의하였다. 또한 서비스는 "물리적 생산물과 결부될 수도 있고 그렇지 않을 수도 있는 것"으로 정의하였다.
- 라스멜(J. M. Rathmell)은 "시장에서 판매되는 무형의 상품"으로 정의하였다.
- 주드(Judd)는 "소유권 이전 없이 제공해 줄 수 있는 유형의 재화 이외의 행위나 활동"으로 정의하였다. 예 테마파크 입장권은 효용이나 편익(benefit)을 얻을 뿐, 그 서비스 자체를 소유할 수는 없다.
- 레건(W. J. Regan)은 서비스는 "판매되는 시점에서 생산되는 동시에 소비된다"고 하였다.
- 이유재는 서비스는 "무형적 성격을 띠는 일련의 활동으로서 고객과 서비스 종업원의 상호관계에서 발생하며, 고객의 문제를 해결해 주는 것"으로 정의하였다.

이상 학자들의 정의를 요약하면, 서비스란 '고객 또는 기업에 최고의 가치를 창출해주어 만족한 관계를 유지해 나가는 데 필요한 유·무형의 모든 활동'으로 정의할 수 있다. 그러나 서비스 중심의 현대사회에서 서비스는 다양한 개념으로 정의되고 있으며, 학자들 간에도 명확하게 일치된 견해는 확립되어 있지 않다. 서비스 자체의 복잡성으로 인하여 한마디로 정의하기보다는 포괄적 개념으로 이해하는 것이 필요하다고 본다.

[2] AI; Artificial Intelligence(인공지능) 시대 뉴-서비스

4차 산업혁명을 기반으로 5G와 ICT 기술의 집약으로 개발되는 AI(인공지능)는 혁명적인 변화를 일으키며 우리의 일상 속 다양한 분야에서 활용되고 있다. 예를 들어, 챗봇(Chatbot)은 학습 도움, 은행, 보험, 여행, 예약, 쇼핑 등의 상담에서 사람 대신 휴먼서비스를 제공하며 고객들과 소통하고 있다. 그러나 고객의 Needs와 Wants를 만족시킬 수 있는 구체적이고 복잡한 응대에서, 챗봇 스스로 목적을 만들어내며 고객의 감정을 조정하기에는 그 한계가 분명해 보인다. 다만, 기존 기술 활용 방안이나 신기술 발굴 등의 서비스 효율 개선, DB를 통한 효율적인 서비스 관리 방안 도출, 서비스 효과 검증을 위한 시뮬레이션 등의 연구에서는 AI(인공지능)가 사람보다 훨씬 유능한 것으로 보인다.

일부 서비스기업에서는 SST; Self-Service Technoloy(셀프서비스 테크놀로지)나 TBSS; Technology Based Self Service(기술기반 셀프서비스)를 사용하여 고객과 직원 간 서비스접점 없이 고객 스스로 서비스를 생산할 수 있도록 하는 기술적인 접점수단을 사용하고 있다(Meuter et al., 2000). 예를 들면, 스타벅스에서 사용하고 있는 기술기반 셀프서비스인 Siren Order(사이렌 오더)이다. 이는, 음료와 음식을 편리하게 주문/결제할 수 있는 O2O(Online to Offline) 서비스다. 스타벅스뿐만 아니라 유사기업에서 많이 사용하고 있다.

- 권재원(2019)은 AI(인공지능)에 의해 대체되는 일자리는 원래부터 기계에 적합했던 일자리였을 가능성이 크다고 했다.
- 아마존(Amazon)의 거대 창고에서는 키바 시스템스(Kiva systems; 현재, 아마존 로보틱스 Amazon Robotics)의 로봇이 무겁고 반복적인 업무인 선반이나 상품 등을 이동시켜주는 일을 한다. 이 일은 사람보다 로봇의 노동이 훨씬 더 능률이 높다. 변화가 거의 없는 단순 반복적이며 많은 힘을 요구하는 산업에 적합하다. 그러나 로봇이 이러한 단순 업무

에만 활용되는 것은 아니다(토머스 대븐포트 & 줄리아 커비; Thomas H. Davenport & Julia Kirby, 2016).

예를 들어,

- IBM의 슈퍼컴퓨터 '왓슨'은 과거의 동일한 사례에 대한 방대한 지식을 바탕으로 '합리적인 대안을 제시하는 능력'을 갖추고 있다. 텍스트를 수집하고 분석하고 이해할 뿐만 아니라 세세한 질문에도 대답할 수 있는 능력이 있다. 실제로, '의료자문' 및 '수술'을 성공시키고 있다.

반면,

- 후지노 다카리노(2017)는 논리적이면서 구조적인 영역에서는 AI(인공지능)가 강할 것이라고 했다. 역으로, 비논리적/비구조적이거나 감성적인 부분은 AI(인공지능)가 약할 것이라고 했다. AI(인공지능)의 약점은 사람에게 있어서는 오히려 강점이 될 수 있다. 특히, 감정노동의 중요성이 매우 높은 환대서비스 산업에서는 사람에 의해 제공되는 따스한 감성에 대한 의존도가 매우 높다. 따라서 사람에 의한 서비스는 AI(인공지능)로 대체되기 어려운 의식, 마음, 가치, 생각 등의 심리적 영역에서의 유능함을 잘 활용해야 한다.

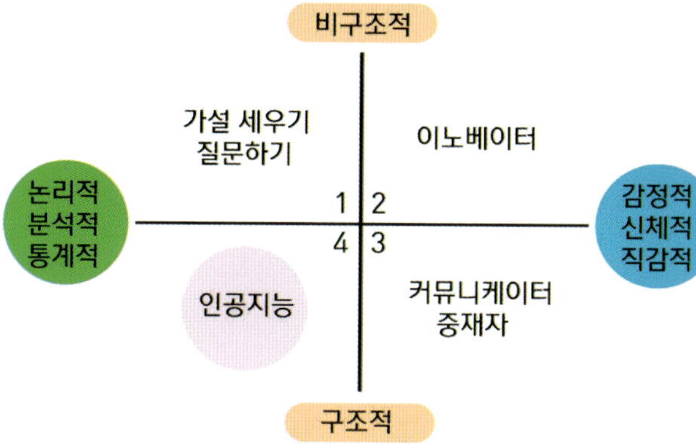

후지노 다카리노(2017) [2020년 인공지능시대 우리가 행복하게 일하는 방법]

노동의 네 영역

때때로 고객은 개인의 취향, 성향, 성격, 문화, 느낌, 감정 등의 요인으로 인하여, 객관적인 판단보다는 직관적인 판단을 하는 경우가 많다. 이러한 고객을 논리적이고 구조적인 영역이 강한 AI(인공지능)가 대응하면서 감동을 주기는 어렵다. 따라서 사람의 강점인 '감정 영역'과 AI(인공지능)의 강점인 '논리적이고 구조적인 영역'의 융•복합 서비스 제공이 필요하다. 이는 환대서비스기업의 동일 시장 내, 서비스 경쟁우위 선점에 매우 중요한 전략이다.

- 레빗(T. Levitt)은 서비스란 "인간이 인간에게 하는 봉사"라고 보는 것이 기존의 통설이라는 전제하에, 인간이 제공하는 서비스라 할지라도 시대에 따라 달리 해석할 필요가 있음을 주장하였다. 현대의 서비스는 "인간이 제공하는 봉사적 서비스를 인간으로부터 분리하여 기계로 대체하는 서비스의 공업화(industrialization of service)"를 이루어야 한다고 주장하였다.

이는 AI(인공지능)가 우리의 일상이 될 가능성이 매우 높은 시대에 환대서비스에서 서비스가 나아가야 할 방향과 맥락을 같이 하고 있다. 정확성을 기반으로 하거나 반복적이면서 육체노동에 집중된 서비스는 AI(인공지능)가 제공하고, 고객의 기분이나 느낌 등의 감성 중심적인 서비스는 사람이 제공하는 것이 효율적이라고 해석할 수 있다.

- 노버트 위너(Norbert Wiener)[2]는 기계가 공유하지 못하는 인간의 조건은 '창의성'과 '영성'이라고 했다. 인간은 '적응범위', 기계는 '속도'에서 각각의 강점이 있다고 했다.

2) 노버트 위너(Norbert Wiener), 1950; '인간의 인간적 활용(The Human Use of Human Beings)'

- 프랭크 레비 & 리처드 머네인(Frank Levy & Richard Murnane)[3)]은 인간의 가장 큰 장점은 '전문가 사고'와 '복잡한 의사소통'이라고 했다. 즉, 복잡한 의사소통은 명쾌하게 전달된 정보보다 광범위한 상황해석 능력을 필요로 하는 의사소통이라는 것이다.
- 토머스 & 줄리아(Thomas H. Davenport & Julia Kirby)[4)]는 "스마트 기기의 급속한 발전과 같이 로봇의 발전도 급속도로 성장하며 영역을 확장할 것"이라고 했다. 반복적 업무에 사용되는 '산업로봇'과 프로그래밍 되어 높은 지적능력을 보이는 '협동 로봇' 모두에서, 실제로, 프로그래밍 된 로봇은 점점 '자율화'되어 가고 있다. 그러나 "아무리 자율적 사고와 행동이 가능하다고 해도 유연성과 뜻밖의 상황에 대처하는 능력은 매우 한정되어 있다"는 것이다.

결국, 환대서비스 분야에서는 힘을 써야 하는 노동력 제공을 바탕으로 하거나 단순 반복적인 표준화된 서비스는 AI(인공지능)로 대체하고, 까다롭고 복잡한 고객 맞춤형 감성서비스는 사람이 제공하는 것이 고객만족과 서비스 질을 높이는 방법이 될 수 있다. 다시 말해서, 노동 집약적인 서비스에서는 AI(인공지능)가 사람보다 훨씬 유능할 것이다. 반면, 사람의 표정, 말투, 목소리 톤, 목소리 속도, 눈빛, 서 있거나 혹은 앉아 있는 자세, 문장사용 능력의 정도 등 다양한 언어적 · 비언어적 표현을 통해서 상대의 현재 감정 상태(기쁨, 화남, 슬픔, 즐거움, 기분 나쁨, 기분 좋음, 갑자기 기분 나빠짐, 갑자기 기분 좋아지려고 함)를 분석하고 응대해야 하는 환대서비스기업에서는 사람에 의한 노동력이 훨씬 더 좋은 성과를 창출할 수 있다. 고객의 기분이 곧 서비스 평가가 되고 이는 기업의 이익과 직결되어 있기 때문이다.

3) 프랭크 레비 & 리처드 머네인(Frank Levy & Richard Murnane); '새로운 노동의 분할-차세대 인력시장을 창출하는 컴퓨터(The new Division of Labor-How Computers Are Creating the Next Job Market)'

4) 토머스 & 줄리아(Thomas H. Davenport & Julia Kirby); 'AI 시대, 인간과 일'

이에 환대서비스 기업은 이러한 시대적 변화를 적극적으로 수용하여 서비스 현장에서 서비스직원과 AI(인공지능) 로봇이 함께 상생(WIN-WIN)할 수 있는 서비스 환경 구축 및 서비스 전략 수립에 경주해야 한다.

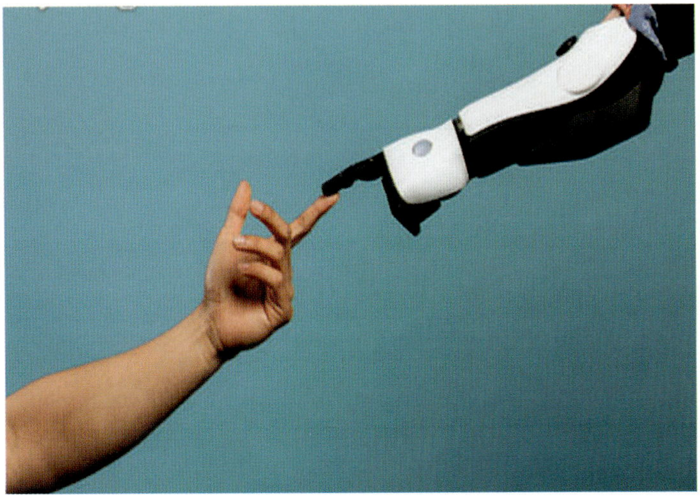

[3] 환대기업의 AI(인공지능) 활용

전통 서비스가 인적자원 중심인 데 반해, 신개념의 서비스는 AI(인공지능)와 사람의 협업이 중요한 신-패러다임의 서비스이다. 대다수의 환대서비스기업에서는 이미 4차 산업혁명의 다양한 첨단기술이 적용되어 혁신적인 서비스를 제공하고 있다.

■ 호텔업

- VR 경험 객실 서비스
  : 메리어트 호텔은 객실 내 엔터테인먼트 옵션으로 VR 룸서비스 제공
  예 르완다 아이스크림 가게 및 칠레 안데스산맥 가상 투어
- 호텔용 IoT(사물인터넷) 전원 자동화
  : CytexOne은 호텔시스템에 IoT기술을 적용하여, 환기, 조명, 점유감지 및 엔터테인먼트, 미니바 등 서비스에 대한 진단 및 예측을 원격 모니터링에 의해 감시
- IoT(사물인터넷) 기반 플랫폼
  : IoT플랫폼 전문 기업과 사물인터넷(IoT)을 기반으로 하는 호텔 전용 플랫폼 '스마트 스테이; Smart Stay' 공동 사업 추진
- AI(인공지능) 안내서비스 로봇
  : IBM과 제휴해 미국 전역에 있는 호텔 체인에 인공지능을 갖춘 고객 안내 서비스 로봇 도입 추진
- AI(인공지능) 로봇
  : Henn-Na Hotel은 인공지능 로봇을 직원으로 배치
  : 기능성 배달 로봇을 호텔에 배치 수하물, 로커 운반 및 룸서비스 제공

■ 여행업

- 가상여행보조 서비스 제공

  : 인공지능 기능을 탑재한 가상 컨시어지 모바일 여행사 Pana는 여행 옵션 및 효율적인 예약 방법으로 응답

  : 향후 여행에 대한 가격 알림, 자동 체크인 등의 추가 가능

- 맞춤형 트립스앱 개발

  : 200개 넘는 관광목적지에 대한 가이드 및 개인별 구글 히스토리를 기반으로 레스토랑 등 맞춤형으로 추천하는 구글 트립스 앱 개발

■ 항공업(국제공항)

- Qantas(콴타스) 항공

  : 고객 데이터 플랫폼 기업인 Umbel과 협력을 통해 개인 맞춤형 데이터 허브 구축

- 공항 안내 로봇 에어스타

  : 인천국제공항에서 승객 서비스(수하물, 게이트, 체크인 카운터)를 담당하는 AI(인공지능) 로봇, 4개 언어의 음성인식 지원과 간단한 감정표현이 가능함

- 공항 안내 로봇 스펜서(Spencer)

  : 네덜란드 암스테르담 공항에서 환승 승객 게이트로 이동시키는 업무를 지원하는 다국어 가능 로봇 가이드 배치

■ 카지노업

- 홍콩파라다이스

  : 여성 카지노 딜러 대신 카드의 용량을 제한하는 로봇 딜러 배치, 향후 인공지능 로봇 딜러 개발 발표

출처: 김규찬 외(2017)를 참고로 저자 재구성

생각해 봅시다

- AI(인공지능) 시대에 환대서비스 기업에서 사람과 AI(인공지능)가 함께 win-win 할 수 있는 최상의 서비스에 대하여 논하라.

CHAPTER

2

서비스의 특성

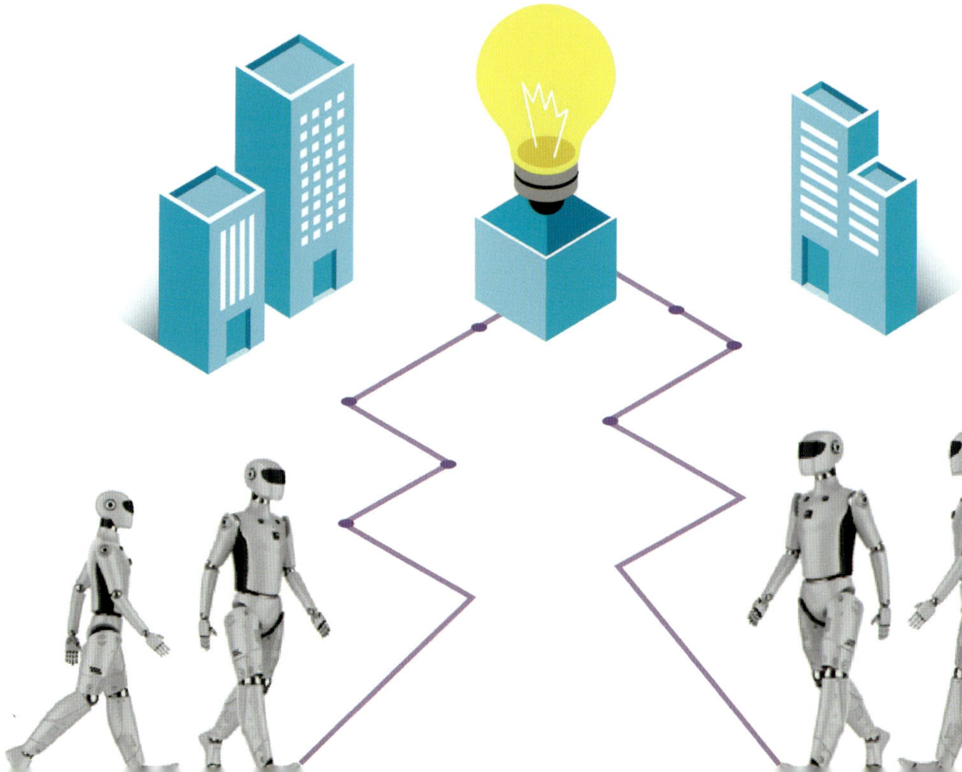

PART 1 AI(인공지능) 시대 서비스의 이해

Chapter 1 서비스 개념

1. 전통 서비스
2. AI; Artificial Intelligence (인공지능) 시대 뉴-서비스
3. 환대기업의 AI(인공지능) 활용

Chapter 2 서비스의 특성

1. 무형성(Intangibility)
2. 비분리성(Inseparability); 생산과 소비의 동시성
3. 이질성(Heterogeneity); 품질 균등의 어려움
4. 소멸성(Perishability); 저장 불가능성

Chapter 3 서비스 구분

1. 예절(禮節)
2. 에티켓(Etiquette)
3. 매너(Manner)

2 Chapter

서비스의 특성

환대서비스 기업의 서비스 평가는 인적 자원의 서비스 제공에 대한 의존도가 매우 높다. 사람과 사람(person-to-person) 간 직접 대면을 이루는 서비스접점에서 고객의 감정이 어떠한지에 따라서 서비스경험에 대한 평가가 결정되기 때문이다.

Zeithaml et al.(1985)이 제시한 서비스 특성 4가지는 오늘날까지도 다양한 영역에서 사용되고 있다. 첫째, 무형성(Intangibility), 둘째, 비분리성(Inseparability)－생산과 소비의 동시성, 셋째, 이질성(Heterogeneity)－품질 균등의 어려움, 넷째, 소멸성(Perishability)－저장 불가능성이다. 이러한 특성으로 인하여 고객의 위험 지각과 불확실성은 높아진다. 고객은 지각된 위험과 불확실성을 낮추기 위하여 서비스 제공자와의 긍정적인 관계에 의존하게 된다.

현대사회와 같은 AI(인공지능) 시대에도 환대서비스 산업(Hospitality Service Industry)의 중요한 경쟁력은 사람에 대한 이해와 공감 능력이다. 특히, 대면(對面) 소통을 통하여 사람의 마음을 얻어야 하는 환대서비스는 단순화하기가 매우 어렵다. 서비스접점의 대면 소통에서 서비스 제공자와 고객의 감정교류가 중요한 이유는, 고객이 따스함과 편안함을 느낄 때 고객의 위험 지각과 서비스에 대한 불확실성은 낮아지기 때문이다. 이는 곧 긍정적 서비스 평가로 연결된다.

[1] 무형성(Intangibility)

제품은 유형적 증거인 반면 서비스는 실체가 없다. 호텔 객실, 항공좌석과 같은 유형적 증거물은 보여줄 수 있고 실제로 사용하게 할 수 있다. 다수의 서로 다른 고객은 동일 제품을 체험할 수 있다. 그 경험의 결과로 만족 혹은 불만족으로 평가한다. 그러나 서비스 제공자의 친절한 행동과 환한 미소는 만지거나 체험해 볼 수 없기 때문에 직접 구매를 통한 체험을 하기 전까지는 서비스 평가가 불가능하다. 또한 서비스체험에 대한 결과물을 보존할 수 없다.

글로벌 환대기업 월트 디즈니사의 모토는 '사람들을 행복하게(make people happy)'이다. '행복'이라는 무형적 자산으로 고객과 커뮤니케이션하고 있다. 디즈니랜드 방문객에게 환상적인 경험을 할 수 있는 환경 제공으로 서비스 효용을 약속한다.

[2] 비분리성(Inseparability); 생산과 소비의 동시성

서비스 상품은 생산과 소비의 '동시 발생(simultaneity)' 또는 '비분리(inseparability)'의 특성이 있다. 동시 발생 및 비분리의 특성은 고객의 서비스 평가에 부정적 영향을 줄 수 있다. 따라서 고객이 서비스 과정에 능동적으로 참여할 수 있도록 해야 한다. 고객이 제공 받은 서비스는 고객과 서비스 제공자가 공동으로 창출한다는 인식을 심어주어 '서비스 공동창출자(co-creator)'라는 인식을 심어줄 필요가 있다. 예를 들어, '해외패키지 여행 프로그램'에 참여한 고객은 서비스의 생산과정 속에서 서비스 제공자와 함께한다. 이에 고객의 적극적인 참여를 유도하여 고객과 서비스 제공자가 함께 창출하는 가치 중심의 고품격 서비스 생산을 위한 전략 수립이 필요하다.

[3] 이질성(Heterogeneity); 품질 균등의 어려움

서비스접점에서 서비스가 거래되는 동안 고객과 직원이 함께 참여하며 상호 좋은 기분을 가질 때 질 높은 서비스 상품이 만들어진다. 그러나 서비스 제공자의 동일한 서비스에도 고객의 상황에 따라서 고객이 느끼는 서비스는 다르게 전달될 수 있다. 반대로, 서비스 제공자의 성격, 역량, 마인드, 건강 및 기분 상태에 따라서도 서비스 제공 수준 정도가 달라질 수 있다. 이러한 다양한 변수로 인하여 서비스는 규격화, 표준화하기가 어렵다.

[4] 소멸성(Perishability); 저장 불가능성

서비스업은 제조업과 달리 서비스 상품 보관이 불가능하다. 공급보다 수요가 적을 경우, 제품은 보관하였다가 다음 날 다시 판매할 수 있다. 그러나 항공사의 비행기 좌석, 호텔의 객실과 같은 서비스 상품은 그날 바로 판매하지 못하면 사라지고 만다. 반대로, 수요가 공급보다 많은 경우도 마찬가지다. 서비스는 생산능력이 한정되어 있기 때문에 수요가 증가하더라도 수용의 한계로 인하여 판매의 기회는 사라지기 때문이다.

리츠칼튼 호텔의 '황금표준'

리츠칼튼 경영진은 명확하게 정의한 황금표준(크레도 카드; Credo Card)을 암기하여 따르도록 한 것이 타사와의 서비스 차별화 성공의 토대라고 한다.

☺☺ 황금표준(크레도 카드; Credo Card) 내용 ☺☺

1. 크레도: '나는 믿는다'라는 라틴어
2. 모토
3. 서비스의 세 단계

---

1. 크레도:
   * 리츠칼튼은 고객에게 진심 어린 환대와 안락함을 제공하는 일을 가장 중요한 사명으로 삼는다.
   * 우리는 고객이 항상 따뜻하고 편안하며 세련된 분위기를 즐기도록 최상의 개인 서비스와 시설을 제공할 것을 약속한다.
   * 리츠칼튼의 경험은 고객에게 활기를 불어넣고 행복감을 주며 고객이 표현하지 않는 소망과 욕구를 충족시킨다.
2. 모토:
   * '신사 숙녀에게 봉사하는 신사 숙녀'
     (호텔에 머무르는 손님이 신사숙녀이지만 그들에게 서비스를 제공하는 종사원도 신사숙녀로서 존중해 준다는 의미이다)
3. 서비스의 세 단계
   * 따뜻하고 진심 어린 인사를 하며 고객의 이름을 부른다.
   * 모든 고객의 욕구를 예상하고 충족시킨다.
   * 다정한 작별 인사를 한다. 고객의 이름을 부르고 따뜻하게 작별을 고한다.

출처: 리츠칼튼, 꿈의 서비스 중에서....

생각해 봅시다

■ '서비스 특성(무형성, 비분리성, 이질성, 소멸성)'을 극복하기 위한 '환대서비스 기업'의 노력은 무엇일까?

CHAPTER

3

서비스 구분

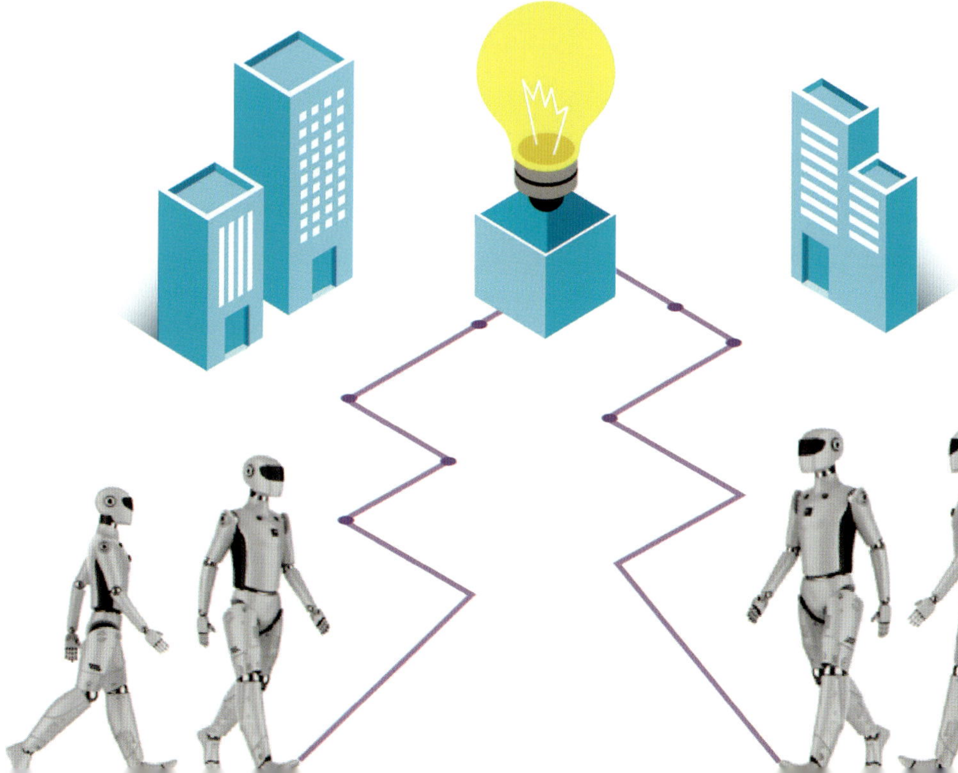

PART 1 AI(인공지능) 시대 서비스의 이해

Chapter 1 서비스 개념

1. 전통 서비스
2. AI; Artificial Intelligence (인공지능) 시대 뉴-서비스
3. 환대기업의 AI(인공지능) 활용

Chapter 2 서비스의 특성

1. 무형성(Intangibility)
2. 비분리성(Inseparability); 생산과 소비의 동시성
3. 이질성(Heterogeneity); 품질 균등의 어려움
4. 소멸성(Perishability); 저장 불가능성

Chapter 3 서비스 구분

1. 예절(禮節)
2. 에티켓(Etiquette)
3. 매너(Manner)

3 Chapter

서비스 구분

[1] 예절(禮節)

"안녕하십니까?"
"감사합니다."
"고맙습니다."
"미안합니다."

라는 말은, 사회구성원의 한 사람으로서 원만한 대인관계 유지를 위한 필수적 표현이다. 사람은 누구나 타인을 필요로 하고 타인과 더불어 살아가는 사회적 동물이기 때문이다. 사람이 혼자서 살아간다는 것은 매우 어렵다. 불가능할 수도 있다. 사회라는 테두리 안에서 좋은 인간관계를 유지하기 위하여 예절은 반드시 지켜야 하는 '실천행위'이다.

- 전례 연구위원회(1995)에 따르면, '예절(禮節)'은, "무리 지어 사는 사람들이 약속해 놓은 생활방식"이라고 정의하고 있다. 예(禮)는 사회구성원들이 서로 지켜야 할 도리 즉, '사회규범'이다.
- 예절(禮節)이란 예의(禮儀)와 범절(凡節) 즉, '예의(禮儀)'는 인간 생활의 기본으로서, 다른 사람과 더불어 살아가면서 지키고 행해야 할 '규범'이며, 범절(凡節)은 절차로서 '실천행위'다.

[2] 에티켓(Etiquette)

에티켓(etiquette)의 어원은 프랑스어의 'estiquier'로서, '붙이다', '표시하다'라는 의미가 있다. 유래를 살펴보면, 17세기 프랑스 루이 14세 시절 베르사유(versailles) 궁전의 정원사가 화단에 무단 방뇨하는 사람들을 근절하기 위하여, "화단에는 아무도 들어가지 말 것! 용변은 저곳에서!"라는 푯말 즉, 공중도덕 규범을 작성하여 표를 세워 두었다. 사람들이 규범을 잘 지키지 않자 의무적 성격을 띠워서 국왕의 명령으로 푯말의 내용을 지킬 것을 공표(公表)하였다는 것에서 유래한다.

- 에티켓은 서로 다른 다양한 사람들이 함께 살아가는 기분 좋은 유쾌한 사회를 위한 예의로서 '개인 간에 지켜야 할 도리' 또는 '규범'이다.
- 인간 생활 속의 커뮤니케이션 수단으로서의 언어와 동작의 법칙을 형식화한 행동기준이다. 따라서 에티켓(etiquette)의 본질은 '타인을 배려하는 마음'으로 볼 수 있다. 에티켓은 글로벌 교류가 일상이 되어 있는 현대사회에서 타민족, 국가 그리고 집단 간 기분 좋은 관계 유지를 위한 '실천적 규범'이다.

[3] 매너(Manner)

매너(manner)는 에티켓(etiquette)의 실천으로서 '몸가짐', '태도' 등 밖으로 나타나는 행동 즉, '방식(ways)'으로 볼 수 있다. 매너(manner)의 어원은, 라틴어 Manuarius로서 행동이나 습관을 의미하는 Manus(hand; 손)와 방법 또는 방식을 의미하는 Arius(way; 방식 · 방법)의 합성어이다.

매너(manner)는 에티켓(etiquette)의 실천으로서 상대의 문화적 배경에 따라 다르게 행동해야 한다. 동일 의미일지라도 문화권에 따라서 표현방식이 다르기 때문이다.

예를 들어, 동양권에서는 정중한 인사의 표현으로 머리와 허리를 동시에 숙이는 '30도 인사법'을 주로 사용하지만, 서양권에서는 가벼운 포옹이나 볼을 살짝 닿게 하는 '허그(Hug) 인사'를 한다.

〈표 1-1〉 에티켓(etiquette)과 매너(manner)의 비교

에티켓(etiquette)	매너(manner)
사회적으로 지켜야 할 도리 또는 '규범'	몸가짐, 태도 등 밖으로 나타나는 행동
형식(form) · 규범	**방법 · 방식(way)**
예 사람이 많은 공간에서는 조용히 한다.	예 사람이 많은 공간에서는 목소리 톤을 낮춘다.

생각해 봅시다

- 예절(禮節), 에티켓(etiquette), 매너(manner)의 실천이 중요한 이유에 대하여 논하라.

PART **2**

고객의 이해

CHAPTER

1

고객의 개념

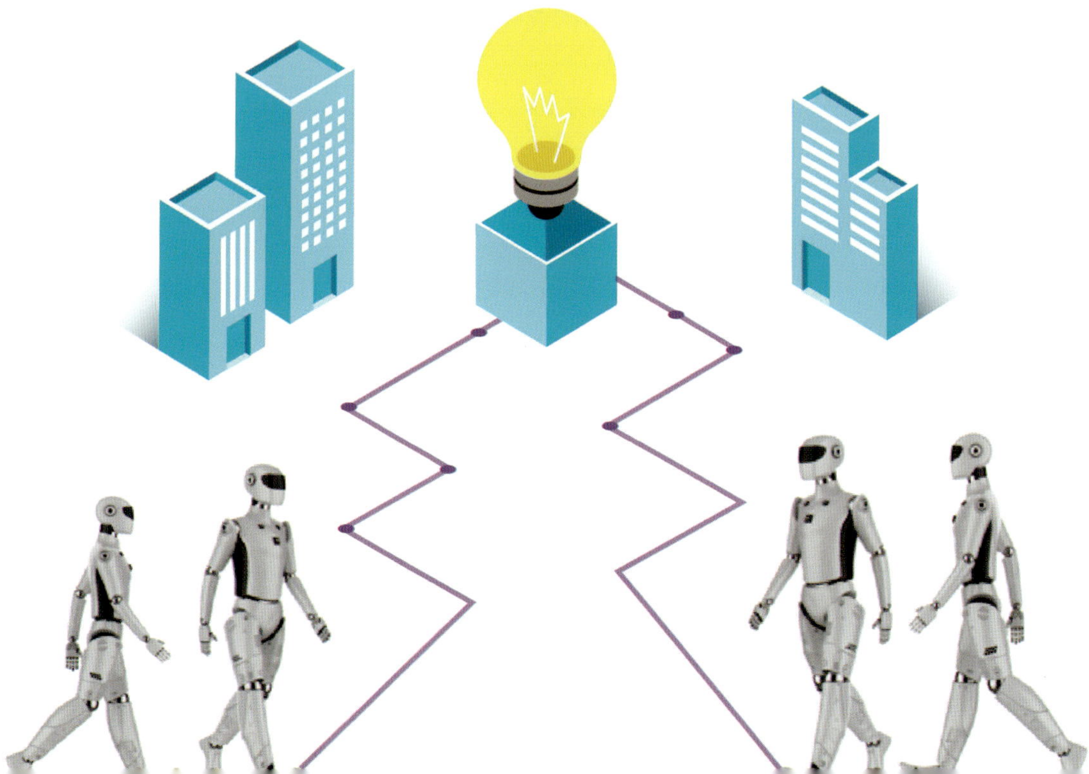

PART 2 고객의 이해

Chapter 1 고객의 개념

1. 내부고객
2. 외부고객

Chapter 2 고객의 중요성

1. 내부고객의 중요성
2. 외부고객의 중요성

Chapter 3 고객만족

1. 고객만족
2. 고객만족 응대 기법

Chapter 4 고객감동 서비스

1. 고객접점서비스(MOT; Moment of Truth)
2. 컴플레인(Complaint)

1 Chapter

고객의 개념

고객은 기업의 본질과 직결되는 핵심 개념이다. "고객 없이는 사업도 없다(No business without a customer)"라고 피터 드러커는 주장했다. 이러한 신념은 기업의 생존 또는 경쟁우위 전략에서 고객의 중요성을 잘 집약하고 있다.

사전적 정의를 살펴보면,

- 국어사전에서는 고객(顧 돌아볼 고, 客: 손 객)을 단골손님으로 정의하고,
- 웹스터사전(Webster's, 1996)에서는 Guest, Customer, Consumer로 광범위하게 정의하고 있다.

Guest, Customer, Consumer의 의미는 조금씩 다르게 볼 수 있다. Guest는 타인에게 환대를 받는 사람으로서 방문자(Visitor)이고, Customer는 중간도매상에 해당되는 고객으로서 지속적인 거래를 하며 규칙적인 구매를 하는 단골고객, 고객, 거래처 등의 의미가 있다. 중간도매상이 이에 해당한다. Consumer는 최종소비자를 이르는 말이다.

고객은 크게 내부고객(Internal Customer)과 외부고객(External Customer)으로 구분한다.

[1] 내부고객

내부고객은 상품이나 서비스를 생산, 구매, 판매하는 일련의 과정에 관계되어 있는 회사 또는 조직 내 모든 직원, 부서, 소조직이라고 볼 수 있다. 최고경영자, 중간관리자, 접점종사원, 지원종사원, 등 조직 내 네트워크로 연결되어 있는 모든 사람이다. 확장된 내부고객의 기능을 살펴보면 다음과 같다.

- 서비스 제공자로서 상품 또는 서비스 가치 생산자 및 증식자이다. 즉, 내부고객은 기업의 서비스 제품 생산과 고객의 소비에 직접 참여하여 '서비스 상품'을 만들어낸다. 기업에서 제공하는 '서비스 상품의 가치'와 고객이 구매하는 '서비스 상품의 가치'를 극대화시켜서 궁극적으로, 고객만족을 이끌어내는 마케터로서의 역할을 수행한다.
- 정보원천으로서의 기능이 있다. 고객으로부터 얻은 정보 및 피드백(feedback)을 통하여 기업과 자신의 단점을 보완하고 강점은 더욱 강화한다.
- 기업의 상품 및 서비스를 구매하는 1차 고객으로서의 기능이 있다. 상품이나 서비스 구매 후 모니터링을 통해 문제점 확인 및 파악으로 기업의 마케팅활동에 도움을 준다.
- 제2의 판매원으로서의 기능이 있다. 자사의 상품 및 서비스 구매 후 사용경험에 대한 좋은 구전(WOM; words-of-mouth)을 함으로써 기업의 성과에 기여한다.

[2] 외부고객

외부고객은 내부고객에 의해 생산, 제공된 상품이나 서비스를 구매하거나 또는 이용할 가능성이 있는 모든 소비자이다. 즉, 외부에서 서비스를 제공받는 모든 사람들로서 서비스 및 상품 소유자, 거래처, 하청업자, 주주, 종사원 등 조직 외부의 모든 사람들을 의미한다. 기업은 타사와의 관계에서 경쟁적 우위를 가지기 위해서 고객을 분류하여 선별적 관리를 한다. 고객은 기존고객과 잠재고객으로 나눈다.

기존고객은 현재고객과 과거고객으로 분류할 수 있다.

■ 기존고객

- 현재고객

  : 현재 주 고객으로서, 첫째, 지금 거래의 상태가 활발하거나 둘째, 가끔 방문하거나 셋째, 방문이 점점 줄어드는 고객이다.

- 과거고객

  : 휴면상태 또는 이동 고객이다. 이동 이유는 다양하므로, 다시 돌아올 가능성을 염두에 두고 지속적 관리를 하는 것이 좋다.

잠재고객은 신규고객과 미래고객으로 분류할 수 있다.

■ 잠재고객

- 신규고객

  : 구매 및 사용 경험이 있는 고객으로서, 재방문 가능성이 높은 고객이다.

- 미래고객

  : 자사의 상품 또는 서비스를 잘 모르거나 오해로 인하여 주저하고 선택하지 않는 고객이다. 기업의 홍보 · 마케팅활동 등에 따라서 신규고객으로 유치될 수도 있다.

CHAPTER

2

고객의 중요성

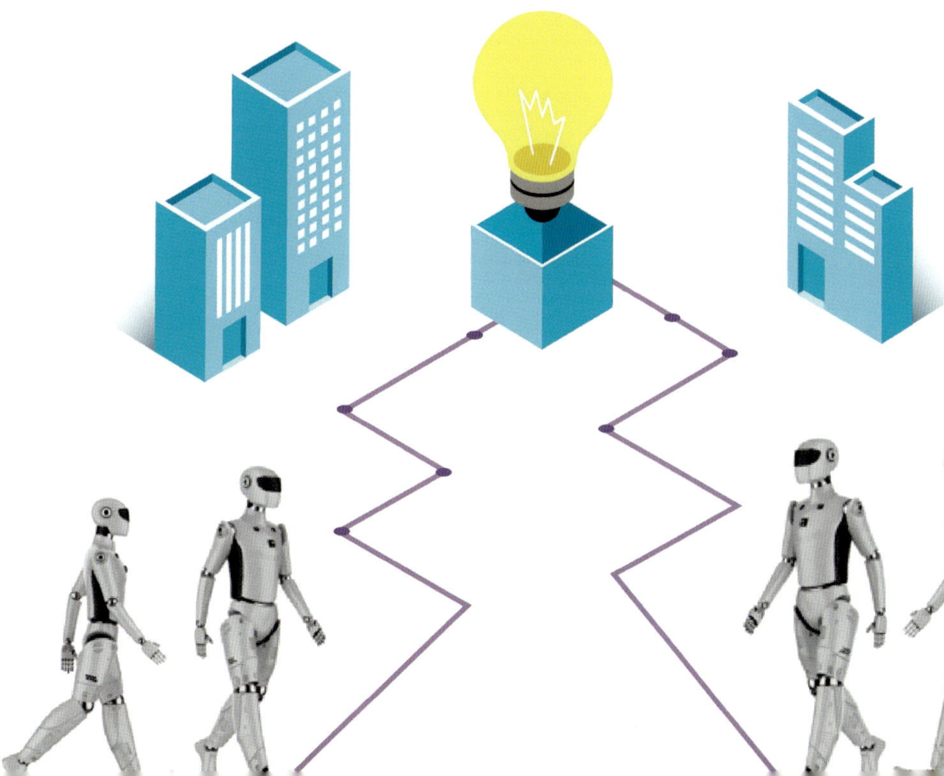

PART 2 고객의 이해

Chapter 1 고객의 개념

1. 내부고객
2. 외부고객

Chapter 2 고객의 중요성

1. 내부고객의 중요성
2. 외부고객의 중요성

Chapter 3 고객만족

1. 고객만족
2. 고객만족 응대 기법

Chapter 4 고객감동 서비스

1. 고객접점서비스(MOT; Moment of Truth)
2. 컴플레인(Complaint)

2 Chapter

고객의 중요성

[1] 내부고객의 중요성

제품과 같은 유형적 증거물이 제공되지 않는 상황에서 기업의 서비스 품질을 좌우하는 결정적 요인은, 서비스 접점(Service Encounter)에서의 서비스 제공자 즉, 내부고객이다. 서비스접점에서 내부고객의 태도, 말투, 이미지 등은 고객이 인지하는 서비스품질에 영향을 줌으로써 기업의 서비스평가에 절대적 영향을 미친다.

예를 들어, 상품이나 서비스를 구매하는 외부고객들은 서비스 거래가 이루어지는 동안 자신의 충족상태(인지적 판단)가 유쾌한 수준(정서적 판단)에서 제공되었는가에 대한 판단의 결과로 서비스를 평가한다. 다시 말해서, 상품이나 서비스를 구매하기 전에 가지는 기대수준과 실제 구매 후의 평가수준에 따라서 만족과 불만족을 느끼게 된다. 이때 고객의 소비경험을 긍정적 평가로 유도할 수 있는 사람이 바로 서비스 제공자 즉, 내부고객이다.

칼 알브레히트(Karl Albrecht)[5]는 "외부고객의 만족과 양질의 서비스 제공을 위한 선행요인"으로는, "조직 내부에 양질의 서비스를 제공할 수 있는 체제 구축 및 내부고객 만족"이라고 주장하였다. 한편, 외부고객의 만족도를 저하시키는 원인으로 내부고객의 미숙한 고객응대나 불량한 태도를 지적하였다. 이러한 현상을 '서비스 칠거지악(The 7 Deadly Sins of Customer Service)'으로 명명하였다.

[서비스 칠거지악(The 7 Deadly Sins of Customer Service)]

요 인	내 용
1. 무관심(Apathy)	'나와는 관계없다'는 식의 태도. 주로, 직무에 소진 상태에서 고객이 다가와도 모른 체하는 행위
2. 무시(Brush-off)	고객의 요구나 상담에 대해 무시하고 고객을 피하는 일. 고객 문제에 전혀 관심을 두지 않는 행위
3. 냉담(Coldness)	고객을 퉁명스럽고 불친절하게 대하는 등 냉담한 반응을 보이면서 '방해가 되니 저쪽으로 가시오'라는 식의 태도로서, 고객을 귀찮아하는 행위
4. 어린애 취급/생색내기 (Condescension)	주로 의료기관에서 많이 볼 수 있음. 의사가 환자를 대할 때 어린아이 대하듯 낮추어 말하거나, 자세히 설명하지 않고 생색을 내거나 건방진 태도를 보이는 행위
5. 로봇화(Robotism)	고객을 대할 때, 인간적인 따스함이 없고, 기계적으로 응대하는 경우
6. 규정대로(Rulebook)	고객만족보다 조직의 규칙을 앞세우며, 종사원의 재량권이나 예외는 인정하지 않아서 상식이 통하지 않는 경우. 자기가 맡은 업무 외에는 맡으려고 하지 않는 태도
7. 발뺌하기(Runaround)	고객 불평 등 요구에 대하여 '나는 모릅니다', '글쎄요...', '윗분에게 물어보세요.' 하는 식으로 발뺌하는 경우

출처: 서비스마케팅 제4판(이유재)을 기본으로 저자 재구성.

따라서 환대서비스 기업은 외부고객만족에 결정적 역할을 하는 내부고객 즉, 서비스 제공자의 만족 제고를 위한 노력을 아끼지 않고 있다. 결과적으로, 내부고객 만족 경영의 실패는 외부고객 만족경영의 실패로 연계될 가능성이 매우 높기 때문이다.

5) 카를 한스 알브레히트(Karl Hans Albrecht, 1920년 2월 20일 ~ 2014년 7월 16일) 독일 출신 경영 컨설턴트 & 미래학자. 주요 저서: '서비스 아메리카'

한편, 내부고객의 직장만족은 기업의 노력뿐만 아니라 서비스 제공자 스스로의 유쾌한 정서 및 행복한 생활을 위한 노력이 병행되어야 한다.

▪ 내부고객 만족을 위한 기업의 노력

- 직원의 정서노동 관리하기
  : 직무배치 시, 직원 특성 고려하여 배치
  : 교육 및 훈련을 통한 소진 완화 방법 지원
  : 시설이나 음악 등의 물리적 직무 환경 개선
  : 동호회 지원 및 리프레시 휴가
  : 무료 심리상담 치료 등 체제 구축
- 갈등 관리하기
- 스트레스 관리하기
- 조직생활에 최적화된 우수 직원 채용하기
- 훈련된 능숙한 최고의 사원이 떠나지 않도록 유지하기
- 교육과 훈련을 실시하여 직무능력 향상 및 자기계발 지원하기
- 내부 커뮤니케이션 강화를 위한 아낌없는 지원
- 임파워먼트(empowerment) 장려하기
  : 의사결정권한을 부여함으로써 직원이 자발적으로 의사결정을 하도록 함(재량권 부여)

정서노동(emotional labor) [1]

정서노동(EL)은, 일반적으로 관찰할 수 있는 얼굴과 신체적(유형적) 표현을 만들기(창설하기) 위하여, 느낌을 관리(management of feeling to create a publicly observable facial and bodily display)하는 것이다. 즉, 외적으로 관찰할 수 있는 표정과 몸동작을 만들어내는 '느낌의 관리(the management of feeling)'로 정의한다(Hochschild, 1979, 1983).

조직에서의 정서노동은, 대부분 조직의 지시와 규범에 의해서 이루어지고, 수행 평가의 중요한 기준이 되며, 공적인 임금으로 수행되고 있는 친절, 미소, 상냥함, 돌봄(care), 공포 등의 정서적 노동요소를 포함하는 서비스 일체이다.

혹스차일드(Hochschild)는 정서 노동을 emotional labor, emotion work, emotion management로 개념화하여 유사어로 사용하였으며, 국내에서는 감정노동 또는 정서노동으로 번역되어 사용되고 있다.[6)]

서비스 제공자는 고객응대 시, 자신의 실제 감정 상태와 관계없이 조직에서 요구하는 긍정적인 감정은 표현하고, 부정적인 감정은 억제하게 된다. 외적으로 나타내는 감정표현과 내적인 정서적 느낌이 다를 때, 서비스 제공자는 높은 스트레스와 심각한 정서적 부조화를 겪게 된다(Brotheridge & Grandey, 2002).

6) Hochschild, A. R(1979). "Emotion Work, Feeling Rules, and Social Structure", American Journal of Sociology, 85, p.551; emotion management, emotion work, deep acting 등을 동의어로 사용하였으나 The Managed Heart, (Berkeley : University of California Press(1983), p.7; 연구에서 그녀는 emotional labor, emotion work, emotion management 등을 유사어로 표현하였고, 국내번역은 정서노동, 감정노동 등으로 사용되고 있다. 본서에서는 emotional labor를 감정노동과 정서노동으로 혼용하여 사용할 것임.

정서노동(emotional labor) [2]

서비스 점점에서 서비스 제공자의 실제 감정은 '심층행위(deep acting)'로 규정에 의해 표현해야 하는 감정은 '표면행위(surface acting)'로 정의 한다.

심층행위(deep acting) : 친절한 고객응대에 필요한 적극적인 감정을 일으키기 위해, 종사원 자신들의 신체적 표현뿐만 아니라 유쾌했던 경험들을 상상하거나 또는 회상하여 종사원 스스로 '유쾌한 내적 느낌'을 발생시키는 것이다(Chu&Murrmann, 2006). 즉, 심층행위는 조직의 목표를 달성하기 위해 표현규범을 실행하는 과정에서 종사자들은 그들이 느껴야만 하는 정서를 진심으로 느끼도록 자신들을 관리함으로써 자신들의 정서를 사회적 상황 즉, 조직의 요구에 맞추어 자신의 내적 느낌을 조절하는 것이다.

표면행위(surface acting) : 조직에서 요구하는 감정표현 규범에 적합한 감정을 표현하기 위하여 얼굴의 표정, 몸짓 또는 목소리 톤 등 종사원 자신의 느낌이 아닌 가짜의 감정을 실제로 느껴지는 감정인 것처럼 가장하여 연기하는 것. 즉, 조직의 표현규범과 자신의 정서 및 태도를 일치시키기 위하여, 밖으로 드러내는 자신의 행동을 조절하는 것으로서 진짜 느낌이 아닌 것을 진짜인 것처럼 가장한 감정이다(Hochschild, 1983).

■ 내부고객 스스로의 노력

- 취미 생활을 통한 활력 찾기
- 직무관련 자격 향상을 위한 자기계발로 성취감 가지기
- 운동(걷기, 수영, 조깅, 요가, 필라테스, 등산, 볼링 등)으로 체력 다지기
- 감정 관리하기 예 음악 감상, 미술관 및 박물관 관람, 카페 투어, 뮤지컬/영화/연극 관람, 여행, 독서, 악기, 요리, 산책 등
- 직장 내부고객 간 스트로크(stroke) 활용

  : 악수 등의 가벼운 신체 접촉(신체적 스트로크) 및 따스한 눈빛, 미소, 칭찬, 격려 등의 외적 표현(정신적/긍정적 스트로크)을 통한 슬기로운 직장 생활 만들기

"갈채를 보내는 사람이 없더라도 스스로 격려하라!"

대면서비스의 특성상, 외부고객의 만족에 절대적 영향을 미치는 내부고객은 자신의 감정을 배제한 채, 외부고객의 감정에 집중하여 서비스를 제공하게 된다. 때문에, 내부고객은 직무만족도 저하, 스트레스 및 우울증, 무기력증 등의 신체적/심리적 건강 위험에 놓이게 된다.

따라서 서비스 제공자는 자신을 보호할 수 있는 다양한 활동을 통하여, 스스로 격려하며 내적/외적 조율을 할 필요성이 있다.

전략적 방안으로, 스스로 끊임없이 긍정적인 말을 되뇌며 마인드컨트롤 하는 것도 좋은 대안이 된다. 나아가, 긍정적 말을 되뇌는 동시에 긍정적 생각으로 전환시키기 위한 외적 활동을 병행하는 것이 필요하다.

서비스 제공자의 건강한 정신과 튼튼한 체력은 자신감 및 자존감을 높이는 데 도움이 된다. 서비스직원 스스로 자신에 대한 '칭찬'을 아끼지 말아라. '유쾌한 정서' 컨트롤은 자신과 타인을 동시에 행복으로 이끄는 첩경이 된다.

[2] 외부고객의 중요성

서비스기업의 고객만족은 기업의 성/패를 좌우한다. 따라서 기업은 고객과의 지속적 관계유지 및 고객만족을 증가시키기 위하여 많은 노력과 경비를 투자한다. 기업이 고객과의 친밀한 관계 및 신뢰 구축에 성공했을 때, 고객으로부터 외면 받지 않고 고객 충성도는 높아진다. 또한 기존 고객을 통한 신규 잠재 고객시장까지도 확보하여 시장점유율을 높일 수 있다.

기업의 경쟁력 우위 확보를 위해서는 외부고객과의 지속적 관계유지가 매우 중요하다. 고객과의 좋은 관계 유지를 위한 필수요소로서, Dwyer, Schurr & Oh(1987)와 같은 학자들은 결속(Bonding)이나 관계몰입(Commitment)이 중요하다고 제언했다. 먼저, 결속(Bonding)은 구조적 결속(Structural Bonding)과 사회적 결속(Social Bonding)으로 구분된다.

- 구조적 결속(Structural Bonding): 경제적 거래 관계 밀착도, 정보 교류 밀착도, 거래 관계 상호 몰입
- 사회적 결속(Social Bonding): 인간관계 정도, 정서적 친밀감 정도

다음으로,

- 관계몰입(Commitment)은 다른 기업과의 관계를 지속하려는 한 기업의 의도라고 볼 수 있다(Anderson & Weitz 1989).

고객과의 긍정적 관계 개선 및 유지를 위한 결속(Bonding)이나 관계몰입(Commitment)의 서비스 거래는 일반고객뿐만 아니라 B2B(Business to Business) 거래에서도 중요한 고객만족 개념이다. 따라서 환대서비스 기업은 내·외부고객 만족도 향상을 위한 다양한 전략 수립에 힘써야 한다. 외부고객의 서비스 평가는 서비스 접점의 상호작용에 영향을 받으며, 내부고객 만족은 외부고객 만족의 행동 주체가 되기 때문이다.

CHAPTER

3

고객만족

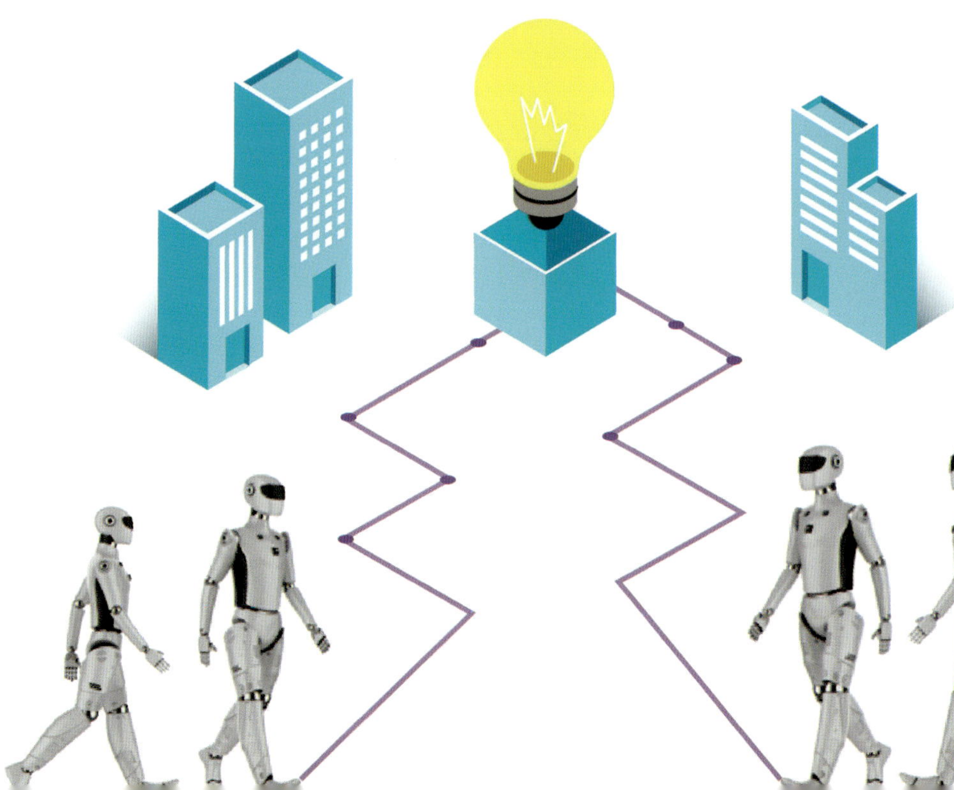

PART 2 고객의 이해

Chapter 1 고객의 개념

1. 내부고객
2. 외부고객

Chapter 2 고객의 중요성

1. 내부고객의 중요성
2. 외부고객의 중요성

Chapter 3 고객만족

1. 고객만족
2. 고객만족 응대 기법

Chapter 4 고객감동 서비스

1. 고객접점서비스(MOT; Moment of Truth)
2. 컴플레인(Complaint)

3 Chapter

고객만족

[1] 고객만족

고객만족에 대한 학자들의 정의를 살펴보면,

- 올리버(Oliver)는 소비자가 소비 전에 가지게 되는 제품(서비스)에 대한 기대와 실제 소비 후에 형성되는 감정적, 인지적 평가로 정의하였다.
- 코틀러(Kotler)는 기업의 제공 제품 및 서비스에 대한 전반적인 평가로서, 기대와 성과의 비교 결과에서 느끼는 기쁨 혹은 실망에 대한 감정으로 정의하였다.

고객만족은 '소비경험 전의 사전기대에 대하여 소비경험 후의 사후평가에서 느끼는 만족의 정도로서 기쁨, 실망, 재구매 의도 등의 판단에 따른 감정적 반응'이라고 볼 수 있다. 고객의 니즈 변화는 빨라졌고 수준도 매우 높아졌다. 고객의 가치가 어디에 있는지 정확하게 파악하지 못한다면 기업의 성장은 고사하고 생존도 장담할 수 없다.

4차 산업혁명 시대를 맞이하여 현대의 소비자는 그 어느 때보다 상품과 서비스의 생산에 적극적으로 참여하며 그들의 소비경험에 대한 만족을 불특정다수의 많은 사람들과 공유하며 평가한다. 현대의 소비자는 단순 소비자(Consumer)가 아닌 최종 생산물을 함께 만들어내며 소비하는 Pro-sumer(Producer+ consumer)라고 볼 수 있다. 고객은 페이스북, 인스타그램, 카카오톡 등의 사회적 네트워크 SNS 활동을 통하여 소비자 자신의 감정을 신속하게 공유한다. 소비경험에 따른 만족과 불만족에 대한 평가의 공유, 확산뿐만 아니라 재해석까지 하면서 기업의 상품 및 서비스를 평가한다. 이러한 이유로, 전 세계 기업들은 다양한 경로를 통하여 고객만족을 측정하며 고객만족경영에 만전을 기하고 있다.

- 국가고객만족지수(NCSI)는 1989년 스웨덴에서 처음으로 실시되었다. 스웨덴의 국가고객만족지수는 SCSB(Swedish Customer Satisfaction Barometer)이다.
- 국가고객만족지수(NCSI)를 측정하는 기관으로서 미국은, ACSI(American Customer Satisfaction Index)가 있다.
- 고객만족도를 조사하는 국내 고객만족도의 대표적 조사기관은, 첫째, 한국생산성본부 KPC(Korea Productivity Center)에서 실시하는 국가고객만족도 NCSI(National Customer Satisfaction Index; 국가고객만족도)가 있다. 둘째, 한국능률협회컨설팅 KMAC(KOREA'S Most Admired Companies)에서 실시하는 한국고객만족도 지수 KCSI(Korea Customer Satisfaction Index)가 있다.

National Customer Satisfaction Index

NCSI

이미지 출처 :http://www.kpc.or.kr/

Korean Customer Satisfaction Index

KCSI

이미지 출처 : https://www.kmac.co.kr/certify/cert_sys03.asp

ACSI

American Customer Satisfaction Index®

이미지 출처: https://www.google.co.kr/#spf=1596609955269

[2] 고객만족 응대 기법

급변하는 서비스 환경에서, 고객의 마음을 사로잡고 지속적 관계를 유지하는 일은 매우 어렵고 중요하다. 특히, 서비스기업에서 고객과의 지속적인 관계유지는, 고객의 마음이 어디에 있는가에 따라서 결정된다고 해도 과언이 아니다. 제품의 품질, 정보, 가격, 판매 프로세스, 이미지 등의 만족 선행요인에서 기대수준 이상으로 충족되더라도 서비스접점에서 기분이 나쁘거나 만족한 느낌이 반감된다면 지속적 관계유지는 쉽지 않다. 따라서 서비스접점의 면대면 고객응대에서는 고객의 유형에 따른 각각 다른 고객맞춤형 응대를 해야 한다. 다음은 고객의 유형에 따른 '응대기법'이다.

■ 신중한 고객

- 특성: 최종 결정단계까지 시간이 걸리며 질문이 많고 망설임이 많다.
- 응대기법: 충분히 생각할 수 있는 시간적 여유를 주고, 질문에 대한 답변은 상세하고 구체적으로 한다. 사례를 들어서 친절하게 설명하는 것은 좋은 방법이다.

■ 무리한 요구를 하는 고객

- 특성: 공적으로나 사적으로 수용하기 어려운 터무니없는 요구를 하면서도 당연하다는 듯이 당당하게 요구한다.
- 응대기법: 고객의 주장에 대해 깊은 공감을 한다. 그러나 그 주장이 왜 수용될 수 없는가에 대한 설명을 충분히 한다. 고객이 즉시 이해하지 못하더라도 면박이나 무안을 주지 말고 차근차근 최대한 고객의 입장에서 설명한다.

■ 성격이 급한 고객

- 특성: 질문 및 선택이 빠르다. 서비스직원의 민첩한 행동을 원한다. 조금만 늦어져도 재촉의 강도가 높다.
- 응대기법: 제품이나 서비스에 대한 중요 포인트 중심으로 간결하게 설명한다. 다소 늦어질 경우, 태도는 정중하게 사유는 분명하게 말하고 양해를 구한다.

■ 거만한 고객

- 특성: 대화의 주도권을 가지려고 하고 설명을 잘 듣지 않는다. 또는 자기 자랑이 심한 편이다.
- 응대기법: 잘 경청하고 있다는 모습을 보여주고, 고객의 말에 적절하게 공감표현을 하며 친밀감을 조성한다. 칭찬화법으로 고객 정서를 유쾌하게 만든다.

■ 불평 · 불만이 많은 고객

- 특성: 일반적으로 사소하다고 인정되는 일에도 불평 · 불만이 많다. 고객 본인만 손해를 본다는 생각에 사로잡혀 있거나, 손해를 볼 수도 있다는 위험에 대한 걱정이 많다.
- 응대기법: 불평 · 불만의 원인에 대한 정확한 파악이 필요하다. 물리적인 원인과 정서적인 원인을 정확히 파악하여 응대한다. 불필요한 감정적 표현은 삼가고, 사죄의 표현과 공손한 태도로 마지막까지 침착하게 응대한다.

■ 쉽게 흥분하는 고객

- 특성: 타인의 피드백을 받아들이지 않는다. 또한 고객 자신의 주장이 받아들여지지 않을 경우, 장소를 가리지 않고 큰 소리를 치면서 불안한 상황을 만든다.

• 응대기법: 격한 감정에 휩싸이지 말고, 침착하게 편안한 분위기를 조성하여 고객 스스로 생각할 수 있는 충분한 시간을 준다.

고객만족 제고 8가지 방법

1. 공정하게 대하라.
2. 사실을 근거로 칭찬하라.
3. 솔직하게 대하라.
4. 겸허하게 경청하라.
5. 부드러운 미소로 대하라.
6. 진정성을 가지고 대하라.
7. 고객 그대로를 인정하라.
8. 고객중심의 사고로 전환하라.

외부고객 감동 & 만족 '감성경영'의 '스타벅스'

스타벅스는 단지 커피만 판매하는 곳이 아니라 자유롭고 편안하게 고객 자신만의 독특한 시간을 만들 수 있는 제3의 공간! 문화공간으로 자리매김하면서 고객의 감성과 마음을 사로잡는 데 성공했다.

- 여유의 상징이자 소통의 매개체가 되어 있는 커피! 그 커피를 마시면서 때로는 혼자 때로는 지인들과 즐거운 시간을 보낼 수 있는 곳.
- 장시간 있어도 눈치 주지 않는 공간! 때로는 노트북 펼쳐놓고 일을 하는 공적 공간으로서, 때로는 영화나 드라마를 보거나 책을 읽는 사적 공간으로서 가벼운 다과(케이크, 다양한 베이커리 제품 등)를 즐기며 문화생활을 누릴 수 있는 곳.
- 기계가 아닌 직원들의 친절한 서비스와 어우러지는 잔잔한 재즈음악이 커피의 맛을 더해주는 곳.
- 4차 산업혁명 시대의 소비 공간답게 인터넷 서비스가 매우 잘 되는 곳.
- 감각(Sense), 감정(Feel), 인지(Think), 행동(Action), 관계(Relation) 등의 체험이 가능한 제3의 공간으로서 여행지에 온 여행자의 느낌을 가질 수 있는 곳.
- 사이렌오더 서비스, 진동 벨이 아닌 고객과 직접 소통, 환경보호 실천/운동, 다양한 이벤트 등 차별화된 경영전략.

자신의 행복한 삶 추구! 에 가치 중심을 두고 있는 사람들은 한 끼 식사만큼 비싼 스타벅스의 커피를 마시면서도 가격민감성이 매우 약하다. 자신을 위한 작은 사치! 작은 럭셔리! 에 투자하고 있다는 감성이 충만해서이다.

내부고객 만족 1. 놀이하듯 일하고 일하듯 노는 'Southwest Airline'

재미경영의 선구자로 존경받으며 신나는 직장문화를 정착시킨 사우스웨스트(Southwest) '허브 캘러허(Herb Kelleher)'의 '사람중심' '재미경영(Fun Management)'

- 조직은 재미있어야 한다는 CEO의 철학!!
  (직원들을 웃게 해야 고객도 웃길 수 있다. 웃음과 유머 넘치는 직장 분위기 조성)
- 일터가 놀이터이고, 놀이터가 일터가 되는 직장
- 유머의 생활화
- 관습을 파괴하는 문화(파티에 많은 시간과 경비를 들임)
- 회사의 주요 정책도 직원 참여 이벤트를 통해서 결정
- 고가의 비행기에 '범고래' 등 감성적 그림
- 자발적 업무 처리와 창조적 가족 분위기 조성
- 리더들의 우스꽝스러운 사진 및 재미있는 글로 직원들과 공감대 형성

☺ 2017년 기준, 사우스웨스트항공은 설립 후 단 2년을 제외하고 한 번도 적자를 기록한 적이 없음.

내부고객 만족 2. 직원이 행복한 일터 '신한은행'

기업의 성장도 결국은 사람이 하는 것이므로 먼저, '직원의 행복과 만족이 외부고객의 행복과 만족을 이끈다'는 철학적 신념을 토대로, 신바람 펀 경영(Fun Management)전략으로 성공한 '신한은행'

- 글로벌! 국내 · 외 연수 기회 확대(MBA지원제도, 해외지사 근무, 금융 인재 개발 프로그램 지원 등)
- 1인 1취미 가지기 운동(자격증 및 어학공부 지원)
- 해피드림데이(매주 수/금요일은 야근, 회식 없는 날)
- 맘프로(Mom-Pro)제도(육아 휴직 직원의 선택적 시간제 근무)
- 웰프로(Wel-Pro)제도(연 · 월차를 2주 연속으로 사용하는 제도)
- 청원 휴직제도(개인적 사정으로 휴직 신청 시, 적극적 지원)
- 에듀 콘서트, 힐링! 하루명상, 신한 키즈플러스(자녀 미래 설계 경제 교육, 인성교육 등 금융프로젝트), 스트레스 관리 프로그램.
- 와우! 서비스 데이(상사와 부하가 함께 참여하여 팀워크 강화) ('와우! 서비스 데이'는 [조직을 살리는 펀 경영]으로 책 출판
- 대한민국 훌륭한 일터상!! 다수 수상

생각해 봅시다

- 고객만족(내 · 외부고객) 사례를 찾아보고 시사점을 논의하라.

- 고객만족경영이 중요한 이유를 논의하라.

CHAPTER

4

고객감동 서비스

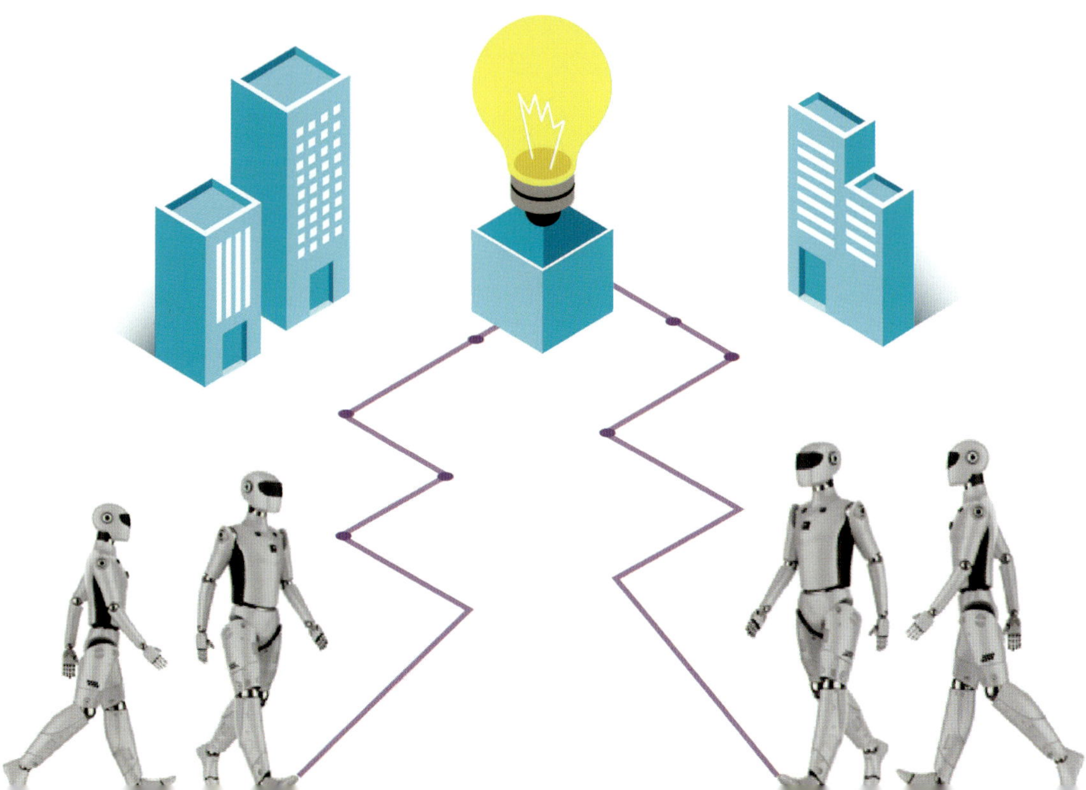

PART 2 고객의 이해

Chapter 1 고객의 개념

1. 내부고객
2. 외부고객

Chapter 2 고객의 중요성

1. 내부고객의 중요성
2. 외부고객의 중요성

Chapter 3 고객만족

1. 고객만족
2. 고객만족 응대 기법

Chapter 4 고객감동 서비스

1. 고객접점서비스(MOT; Moment of Truth)
2. 컴플레인(Complaint)

4 Chapter

고객감동 서비스

[1] 고객접점서비스(MOT; Moment of Truth)

가. MOT; Moment of Truth(진실의 순간) 개념

MOT; Moment of Truth(진실의 순간)는 서비스 및 고객만족 전략에서 중요하게 사용되는 마케팅기법으로서, 고객의 서비스품질 인지에 결정적인 영향을 미친다. '고객이 특정 기업 또는 서비스를 구매하는 과정에서 접하게 되는 모든 순간'들을 의미하는데, 각 접점 순간에서 고객이 느끼는 서비스가치가 충족되었을 때, 고객 만족도는 높아진다.

나. MOT; Moment of Truth(진실의 순간) 구성요소

MOT 구성요소로는 첫째, 서비스 제공자와 고개의 상호작용이 이루어지는 직접적인 면대면(face-to face) 응대에서 보이는 서비스직원의 접객태도이다. 예를 들어, 무표정한 얼굴, 잘 들리지 않는 작은 목소리의 응답, 무례한 행동, 지저분한 손톱, 단정하지 못한 복장, 불쾌한 냄새 등은 직접응대에서의 서비스 품질을 저하시키는 원인이 된다.

둘째, 고객의 서비스기대 형성에 영향을 미치는 요인들로서 서비스의 무형성을 보완하는 유형적 요소로 볼 수 있다. 예를 들어, 내 · 외부 인테리어, 기업 이미지, 편리성, 쾌적성, 각종 정보통신 기술 인프라(ICBM; IoT, Cloud, Big Data, Mobile), 인공지능(AI; Artificial Intelligence), VR, AR 등의 사이버 서비스가 가능한 공간이다. 4차 산업혁명 시대의 현대 고객에게 기술 환경 변화에 따른 다양한 콘텐츠의 서비스를 제공하는 것은 고객 가치 및 고객 만족 향상에 절대적 기여를 할 것이다.

다. MOT; Moment of Truth(진실의 순간) 유래 및 보급

'진실의 순간(MOT; Moment of Truth)'은 스페인의 투우 용어인 '모멘트 드 라 베르다드(Moment De La Verdad)'의 영어 번역이다. 투우사가 소의 급소를 찌르는 찰나의 순간 즉, '피하려 해도 피할 수 없는 순간' 또는 '실패가 허용되지 않는 매우 중요한 순간'을 의미한다. 오로지 투우경기 참여를 목적으로 사육되어 온 '소'와 투우경기를 위해 어린 시절부터 준비해 온 '투우사(마타도르; 죽이는 사람)'가 단 한 번의 짧은 시간 내에 생사의 갈림길에 서야 하는 긴박하고 절실한 순간으로 볼 수 있다. 따라서 '진실의 순간'은 '결정적 순간'이라는 의미가 더 적합할 수 있다.

MOT는 마케팅 전문가인 리차드 노먼(R. Norman)이 '서비스 품질관리'에서 최초로 사용하였다. 이후, 스칸디나비아항공사(Scandinavian Airlines, SAS)의 얀 칼슨(Jan Carlzon)이 1987년에 집필한 책 「MOT; Moments of Truth」가 발간된 뒤에 급속히 보급되었다. SAS사의 얀 칼슨은 MOT 개념을 도입하여 적자 상태의 회사를 1년 만에 흑자로 전환시켰다. 그는 취임한 후, 제품이 아닌 서비스 중심의 '고객만족' 경영전략을 수립/실행하였다.

“마주치는 5,000만 번의 결정적 순간”

그가 사장으로 취임 당시, SAS에서는 대략 1,000만 명의 고객이 각각 5명의 직원들과 접촉했고, 1회 응대시간은 평균 15초였다는 것을 파악했다. 이는 1년에 5,000만 번 고객의 마음속에 SAS사의 이미지가 각인되는 순간들이 있다는 의미다. 다시 말해서, 직원 한 사람 한 사람 각각 ‘15초 동안의 짧은 고객 응대 시간’이 기업의 성패를 좌우한다고 판단했다. 고객과 마주치는 ‘15초 동안’의 서비스 접점 관리의 성공이 적자에 허덕이던 회사를 단기간에 흑자경영으로 전환시킨 성공 비결이었다. MOT 개념은 서비스 제공자와 고객과의 상호접점에서의 감정이 서비스 평가에 결정적 영향을 미치는 환대서비스기업에서 더 중요하다.

“당신이 지금 판매하고 있는 서비스가 고객이 원하고 있는 것인지를 확인하시오(Make sure you are really selling what the customer wants to buy).”

〈표 2-1〉 출국 고객의 MOT 흐름도

	Before Service	On Service						After Service
Main MOT	출발	도착	입장	체크인	보안 검색	출국 심사	부대시설/탑승대기	항공기 탑승
Sub MOT	인터넷	주차장 입구	공항시설 안내	대기	보안 (1차)	여권/신분증 심사대기	식당	기내 맞이 인사
	전화	주차(교통센터/화물 기타)	운항정보 시스템	탑승 수속	보안 검색대 대기/준비	여권/신분증 심사	공항 안내	항공권 확인
		발레파킹	수화물 카트 및 수레	수화물 운송 서비스	보안 검색	출국 판단 적격/부적격	은행/ATM 환전	기내안전 및 안내
		대중교통(버스, 택시, 지하철)		발권	부적격 판정 시		쇼핑	식음료 서비스
		커브 사이드 교통관리		검역	수화물 검색		Wi-Fi	면세품 판매
					세관 검색		비즈니스/VIP 라운지	
							화장실/대기 시설/게이트	

출처: 이청림 · 라선아(2015)에서 저자 재구성

〈표 2-2〉 입국 고객의 MOT 흐름도

	Before Service	On Service					After Service
Main MOT	입국	입국심사	수화물 수령	세관	부대시설	주차장	출발
Sub MOT	공항도착/탑승교	입국 심사 대비	수화물 운송 서비스	세관 신고	식당	요금정산	대중교통 (버스, 택시, 지하철)
	리무진	입국심사	수화물 수령	세관검색	공항안내	차량인수 (발레파킹)	
		입국 부적격/적격	수화물 카트 및 수레	부적격/적격	은행/ATM 환전		
					쇼핑/의료시설		
					Wi-Fi		
					화장실		

출처: 이청림 · 라선아(2015)에서 저자 재구성

〈표 2-3〉 리테일(Retail) 점포(기업) 고객의 MOT 흐름도

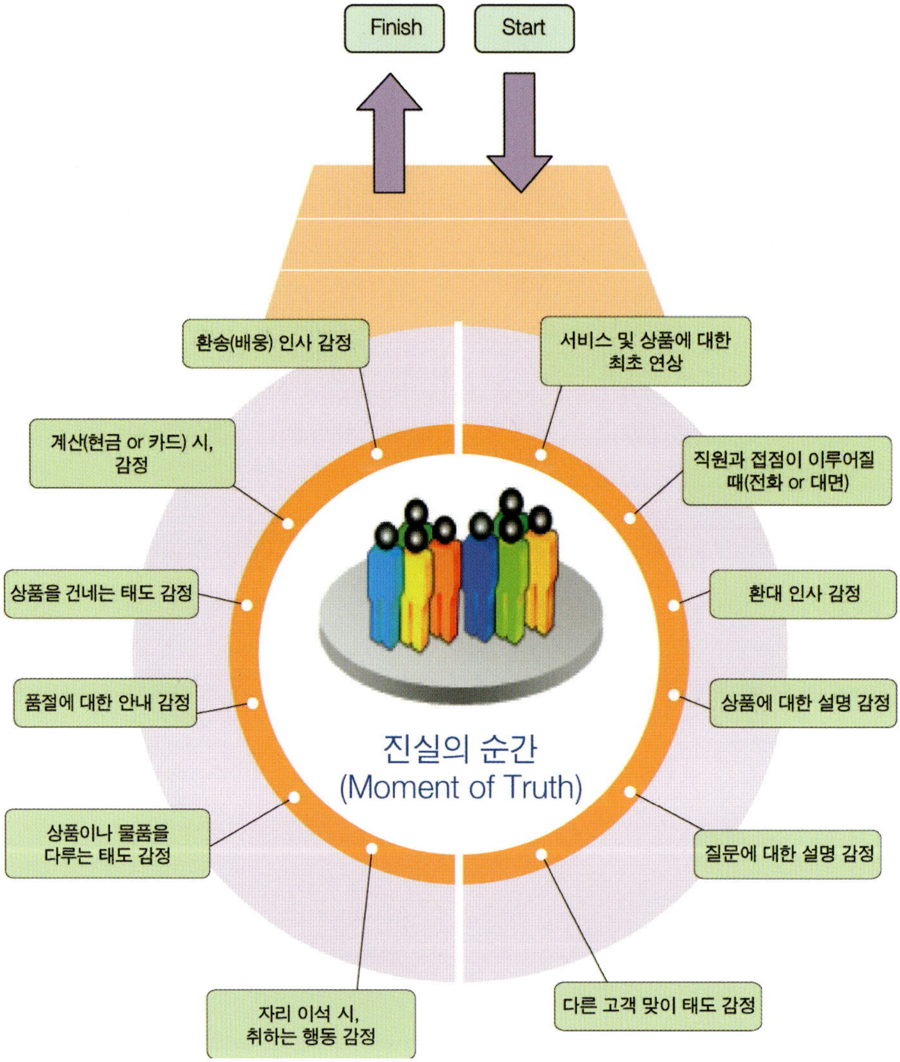

[2] 컴플레인(Complaint)

가. 컴플레인 개념

고객의 서비스 경험이 만족하지 못할 때, 컴플레인(Complaint) 또는 클레임(Claim)이 발생한다. 사전적 의미의 컴플레인(Complaint)은 '고객이 상품의 질이나 서비스에 불만족하여 제기하는 불평'이다. 이는 물질적 보상 없이 사과 등으로 해결될 수 있다. 그러나 클레임(Claim)은 '물질적 또는 정신적 피해보상을 요구하는 불만족 행동'이다. 기업은 고객의 요구에 보상해야 한다. 사전적 의미로는, '어떤 사실에 대한 주장이나 자신의 권리나 재산'이라고 판단하여 요구하는 행위이다.

나. 컴플레인 발생원인

서비스 실패(Service Failure)는 서비스 전달 및 구매 경험에서 고객이 지각하는 서비스가 고객의 사전 기대 수준을 충족시키지 못할 때 발생된다. 고객의 사전 기대와 사후 인지 사이의 차이를 갭(Customer GAP)이라고 한다. 불만족을 야기시키는 이유는 다음과 같다(Parasuraman et al.,).

- 서비스 제공자가 고객의 기대를 알지 못할 때
- 고객 지향성 서비스 프로세스가 아닐 때
- 서비스 제공자의 서비스 표준 규범 미행일 때
- 서비스 성과가 약속에 미치지 못할 때

다. 컴플레인 처리의 중요성

불만족 고객을 만족한 고객으로 전환시키는 일은 매우 중요하다. 불만족 경험이 만족 경험으로 전환될 경우,

- 만족고객 : 재구매, 추천, 애호도 등 기업에 대한 높은 신뢰와 충성도를 가진다. 주위 지인들에게 긍정적 구전(WOM; Word-of-mouth)을 적극적으로 하여 상품 및 서비스를 홍보하고 구매로 연결되게 한다. 만족고객을 통한 기업의 MGM(Members Get Members Marketing)[7)]은 활발하게 이루어지고 있다.

한편, 불만족의 경험이 만족경험으로 전환되지 못하는 경우,

- 불만족 고객의 사적 행동:
  - 상품, 브랜드, 서비스, 기업에 대한 부정적 구전
  - 구매 중지 및 불매 운동
  - 무(無)행동(향후 부정적 행동으로 나타날 가능성 높음)
- 불만족 고객의 공적 행동:
  - 기업에 직접적 보상 요구
  - 관련기관에 불평 신고(정부기관, 민간단체 등)
  - 보상을 받기위한 법적 조치를 취함(고발 등)

서비스실패에 대한 NCRS(National Customer Rage Survey)의 연구결과를 보면, 만족고객 관리와 함께 불만족 고객의 서비스 회복에 집중해야 함을 알 수 있다.

- 서비스 경험 회복 고객: 긍정적 서비스경험을 평균 8명에게 전달
- 서비스 실패 경험 고객: 부정적 서비스경험을 평균 18.5명에게 전달

7) MGM(Members Get Members Marketing)마케팅은 기존 고객을 통하여 새로운 고객을 유치하는 판매촉진 방식을 가리키는 마케팅 용어이다.

〈표 2-4〉 서비스 실패에 따른 고객 불평 행동

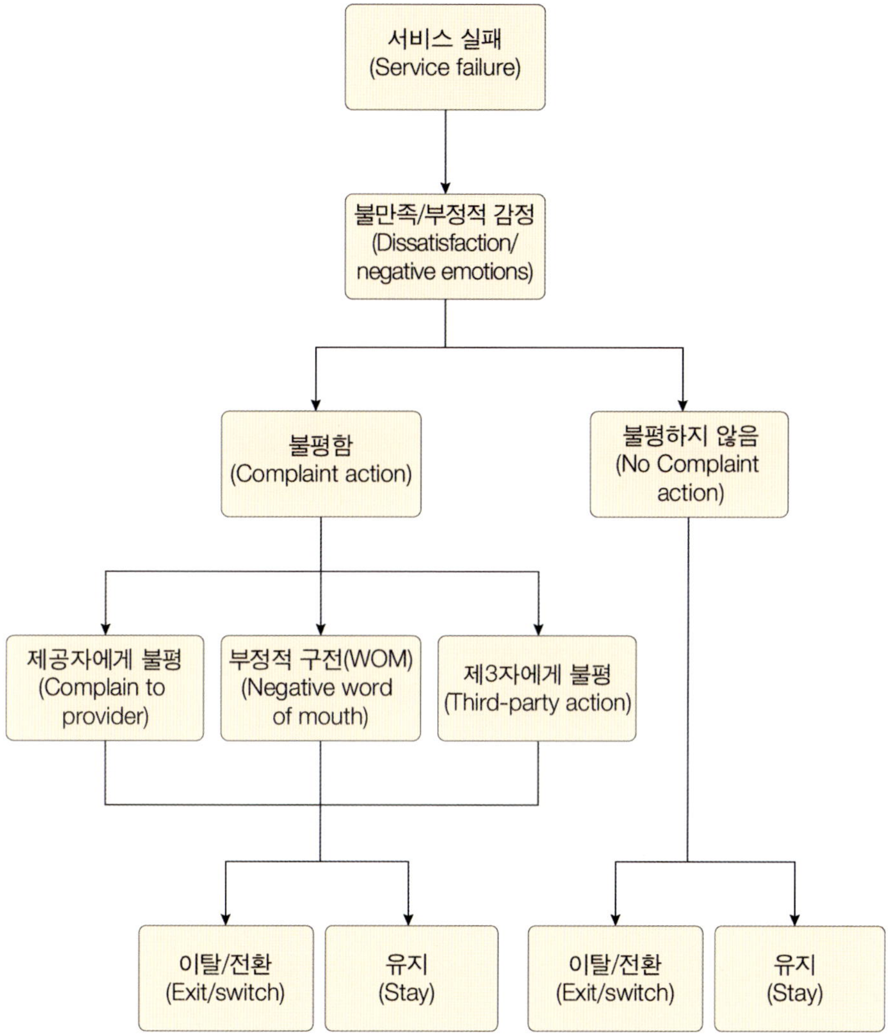

출처: Zeithaml et al., 2006. SERVICES MARKETING 4TH edition. p.219.

"나 하나쯤이야 어때"의 교훈

어느 하루, 왕이 축제를 개최한다고 공지한 후, "축제에 참석하는 사람들은 각자 포도주를 조금씩 가지고 오라." 고 했고, "포도주는 하나의 큰 항아리에 모두 쏟아 부어 함께 마시자."고 했다.

축제에 모인 사람들의 공동체의식을 고취시키기 위한 것이었다.

드디어, 축제 당일!!

사람들이 가지고 온 포도주를 하나의 큰 항아리에 쏟아 부었다. 흐뭇한 표정으로 포도주 맛을 보던 왕의 표정이 어두워졌다. 포도주는 색깔만 포도주였을 뿐~~맛은 거의 물맛이었던 것이다.

'나 하나쯤이야 어때' 하는 마음으로 축제에 모인 대부분의 사람들이 물 탄 포도주를 가지고 왔기 때문이다.

- 탈무드 -

생각해 봅시다

- 환대서비스기업의 서비스 접점흐름도(Service Encounter Cascade)를 그려보고, 각 접점에서의 MOT '진실의 순간(MOT; Moment of Truth)'은 무엇인지 논의하라.

생각해 봅시다

- 컴플레인 실패사례와 성공사례를 논의하라.

PART 3

서비스 행동

PART 1 AI(인공지능) 시대 서비스의 이해

Chapter 1 서비스 개념
Chapter 2 서비스의 특성
Chapter 3 서비스 구분

PART 2 고객의 이해

Chapter 1 고객의 개념
Chapter 2 고객의 중요성
Chapter 3 고객만족
Chapter 4 고객감동 서비스

PART 3 서비스 행동

Chapter 1 첫인상과 이미지
Chapter 2 신뢰받는 미소와 표정
Chapter 3 신뢰받는 용모
Chapter 4 신뢰받는 복장
Chapter 5 신뢰받는 인사
Chapter 6 신뢰받는 대화
Chapter 7 신뢰받는 전화

PART 4 AI(인공지능) 활용 서비스 사례 소개

AI(인공지능) 활용 서비스 사례 소개

CHAPTER

1

첫인상과 이미지

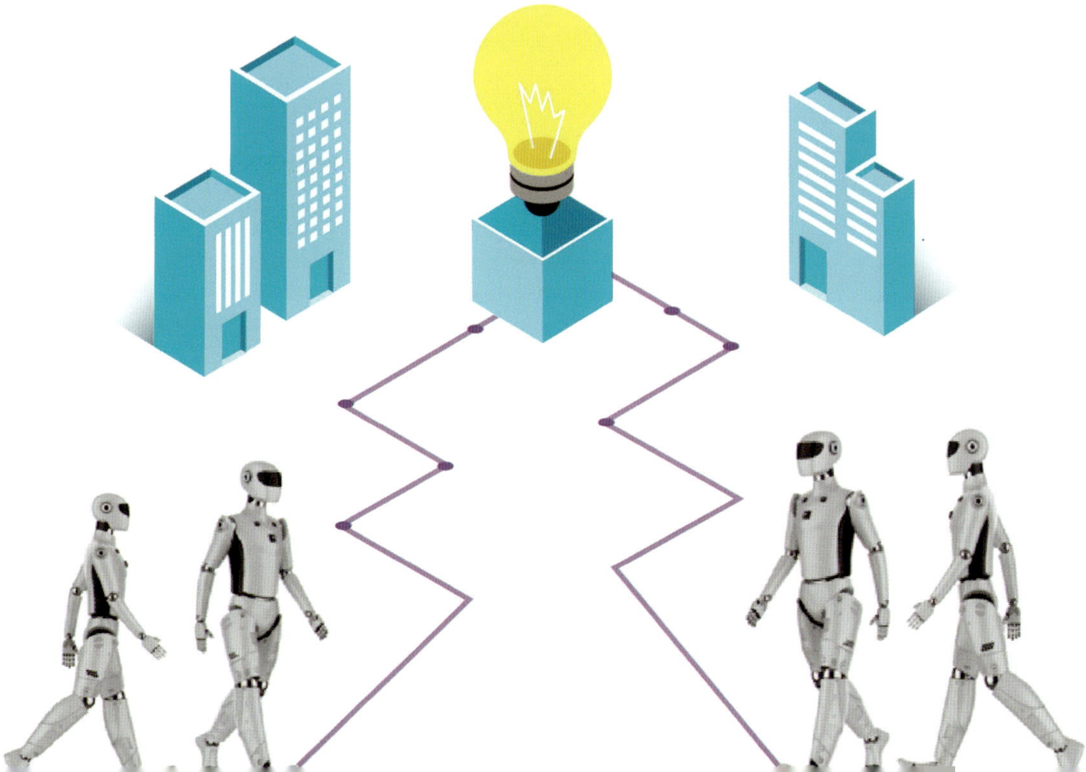

PART 3 서비스 행동

Chapter 1 첫인상과 이미지

1. 첫인상과 이미지 개념
2. 첫인상의 중요성
3. 첫인상 이론

Chapter 2 신뢰받는 미소와 표정

1. 호감 가는 표정
2. 표정의 중요성
3. 표정의 긍정적 효과
4. 호감 가는 표정 만들기

Chapter 3 신뢰받는 용모

1. 용모의 개념
2. 용모의 중요성
3. 용모 기본 점검

Chapter 4 신뢰받는 복장

1. 복장 개념
2. 복장 중요성
3. 복장 기본 점검

Chapter 5 신뢰받는 인사

1. 인사의 개념
2. 인사의 중요성
3. 인사할 때의 요령
4. 인사의 잘못된 표현
5. 기분 좋은 인사말
6. 품격 있는 인사 만들기

Chapter 6 신뢰받는 대화

1. 대화 개념
2. 대화의 중요성
3. 대화(의사전달) 이론
4. 언어적 커뮤니케이션
5. 비언어적 커뮤니케이션
6. 성공을 부르는 대화 기법

Chapter 7 신뢰받는 전화

1. 전화응대의 중요성
2. 전화응대의 특성
3. 전화응대의 기본 원칙
4. 감동 전화응대 기법
5. 전화응대 주의사항

1 Chapter
첫인상과 이미지

[1] 첫인상과 이미지 개념

첫인상의 사전적 의미는 '처음 만났을 때 형성되는 이미지'다. 처음 보는 사람 또는 사물에 대해 즉시, 지각, 인지하게 되는 자동적 심리반응이다. 얼굴생김새의 외형적 모습, 태도, 복장 등이 포함된다.

이미지의 사전적 의미는 '심상(心象)'으로서 감각에 의하여 획득한 현상이 마음속에서 재생되는 것 또는 어떤 사람이나 사물로부터 받는 느낌이다. 심상, 영상, 인상으로 순화된다.

우리말에 어떤 자격이 있음을 나타내는 접미사 '~답다, ~다우니, ~다운'은 대상에 대한 어떤 이미지를 미리 설정해 놓고 유사한 느낌일 때 직관적으로 '~답다'의 가치를 부여하여 표현한다. 예를 들면, "저 사람은 참 여성스러워" 혹은 "저 사람은 참 남성스러워"이다. 이때 '여성스럽다' 또는 '남성스럽다'의 표현에 대한 판단은 '사실(fact)'이기보다는 '가치(value)'판단으로 볼 수 있다.

2 첫인상의 중요성

'첫인상'은 지속적인 관계형성에 긍정적 혹은 부정적 영향을 미친다. 서비스접점에서 만나는 서비스직원의 '첫인상' 형성 결과에 따라서 고객의 서비스 품질 지각은 달라지며 지속적인 관계유지 여부가 결정된다. '첫인상'이 좋으면 호감도는 높아지며, 서비스경험에 대한 유쾌한 감정을 가지게 된다. 이는 곧 서비스기업의 높은 성과와 직결된다. 따라서 서비스접점의 서비스 직원은 고객이 원하는 표정이미지를 자신의 것으로 만들기 위한 노력을 아끼지 말아야 한다. 서비스 직업인으로서뿐만 아니라 개인의 삶에 있어서도 자신이 지향하고 그리고 상상하는 멋있는 '첫인상 이미지'를 만드는 것은 매우 중요하고 필요하다.

'첫인상' 셀프 체크

항목	점수(1점~5점)
나의 첫인상은 상냥한 느낌이다.	
나의 첫인상은 친절한 느낌이다.	
나의 첫인상은 따뜻한 느낌이다.	
나의 첫인상은 배려가 많은 느낌이다.	
나의 첫인상은 부드럽다.	
나의 첫인상은 아름답다.	
나의 첫인상은 세련되어 보인다.	
나의 첫인상은 자신감 넘쳐 보인다.	
나의 첫인상은 우아하다.	

'이미지' 셀프 체크

항목	점수(1점~5점)
나는 미소 띤 얼굴이다.	
나는 정겨운 모습이다.	
나는 온화한 모습이다.	
나는 똑똑해 보인다.	
나는 피부가 청결하다.	
나는 헤어스타일이 보기 좋다.	
나는 복장은 청결하다.	
나의 화장한 얼굴은 자연스럽다.	
나는 보기 좋은 체형을 가지고 있다.	
나의 음성은 부드럽다.	
나의 억양은 듣기 좋다.	

[3] 첫인상 이론

대인지각은 타인을 이해하는 '지각' 능력의 종류로 정의된다. 대인지각을 통해 개인은 타인에 대한 판단을 하고 인상을 형성한다. 인상형성 이론의 대표적 사례는 애쉬(Asch)의 '인상형성이론'이다.

가. 초두 효과(初頭效果/Primacy effect)

'초두 효과'는 '먼저 제시된 정보가 나중에 제시된 정보보다 더 큰 영향력을 행사'하는 것이다. 초두 현상을 보여주는 대표적인 실험은 애쉬(Asch, 1946)의 실험이다.

'똑똑하고, 근면하고, 충동적이며, 비판적이고, 고집이 세고, 질투심이 강함'의 순서로 성격 형용사를 제시한 경우와 그 반대의 순서로 제시한 경우에 인상 형성의 방향이 달랐다. 즉, 전자가 후자보다 긍정적인 인상을 형성했는데, 이는 첫 번째 제시된 '똑똑하다'와 '질투심이 강하다'가 영향을 미치는 '초두 효과'의 강력함을 보여주었다.

이러한 초두 효과가 나타나는 심리적 기제[8]는 '맥락 효과'와 '주의 감소 가설'을 들 수 있다. 먼저, '맥락 효과'는 처음에 제시된 정보가 맥락을 형성하고, 우리는 이 맥락에서 나중에 제시된 정보를 해석하기 때문에 나중 정보가 지니는 의미의 전환이 일어나는 효과를 말한다. '첫인상'이 좋으면 그런 맥락이 이어져 나중에 실수를 하더라도 관대하게 용서를 하게 되는 원리이다.

그 다음으로 '주의 감소 가설'은 일단 정보가 접수되면 그 후에 접수되는 정보들에는 주의가 소홀해진다는 것이다. 이러한 '주의 감소 가설'은 일단 답을 알게 된 문제에 대해서는 다른 답이 있는지를 찾는 노력이 멈추는 것에서도 나타난다.

8) 인간의 행동에 영향을 미치는 심리의 작용이나 원리.

나. 부정성 효과(Negative effect)

'부정성(악성) 효과'는 상대방에 대한 아주 부정적인 정보를 얻었을 때 다른 정보의 긍정적인 가치가 거의 반영되지 못하는 현상을 의미한다. 최초의 정의는 애쉬(Asch)의 '사람의 인상' 연구에 한정되었었지만 영역이 확장되어 기업이미지, 마케팅, 서비스, 뉴스 등에서 다루어지면서 '부정적인 정보'가 '긍정적인 정보'보다 더 큰 영향을 미친다는 것에 주목하였다. 긍정적인 것과 부정적인 것이 같은 비율로 있으면 그것이 서로 상쇄되어 중립 효과가 나타날 것이라고 생각한다. 하지만 '중립 효과'가 나타나지 않고 부정적인 것이 긍정적인 것을 압도하여 '악성 효과'가 나타난다.

예 장점 열 가지와 단점 한 가지를 가진 서비스직원이 있어도 고객이 그 직원의 단점 한 가지를 보면, 열 가지의 장점은 무용지물이 되는 것이다. '고객에게 열 번 칭찬을 받아도 한 번 실수하면 서비스실패로 이어진다.'

다. 후광 효과(後光效果/Halo effect)

후광(後光)은 '어떤 사물의 뒤에서 더욱 빛나게 하는 배경'이라는 뜻을 가지고 있다. 영어로 '헤일로 효과'라고 불린다. 후광 효과는 '한 가지 긍정적 특성을 지닌 사람이 다른 특성들도 더 긍정적일 것'이라고 일반화하여 생각하는 것이다.

미국의 심리학자 손다이크(Edward Lee Thorndike)는 군인들을 대상으로 한 실험의 증명에서, 지휘관들에게 병사들 개개인의 역량을 항목별로 평가하도록 했다. 지휘관들은 체격 좋고 품행이 단정한 병사들은 지성, 리더십 역시 높을 것이라 예상했고, 그렇지 않은 군인들은 대부분의 역량들이 낮을 것이라 보았다. 그러나 실제로는 이와 달랐다. 뉴컴(Theodore Mead Newcomb) 등의 학자는 '논리적 오류(logical error)'를 '후광 효과'의 개념 중의 하나로 포함시키기도 하였다.

베리스토(Barry Staw) 교수의 무작위 실험

첫째, 스토 교수는 대학생들을 여러 조로 나누어 특정 회사의 매출 결과를 예측하게 했다.

둘째, 특정 조들에게는 칭찬을, 다른 조들에게는 비판을 내린 뒤 과제수행에 대한 자체평가를 실시했다.

셋째, 칭찬받은 조들은 자신을 긍정적으로, 비판받은 조들은 자신을 부정적으로 평가했다.

넷째, 그러나 스토 교수는 사실 무작위로 조들을 선정, 그들에게 칭찬과 비판을 가한 것이었다.

결론, 모든 조들이 정답을 도출해냈음에도 불구하고 교수의 발언이 '후광효과'로 작용하여 학생들의 판단력을 흐리게 한 것이다.

후광 효과 ☞ 판단력에 영향을 미침

생각해 봅시다

■ '첫인상'의 중요성에 대하여 토론하라.

■ '첫인상' 형성 이론을 제시하고 예문을 들어보라.

CHAPTER

2

신뢰받는 미소와 표정

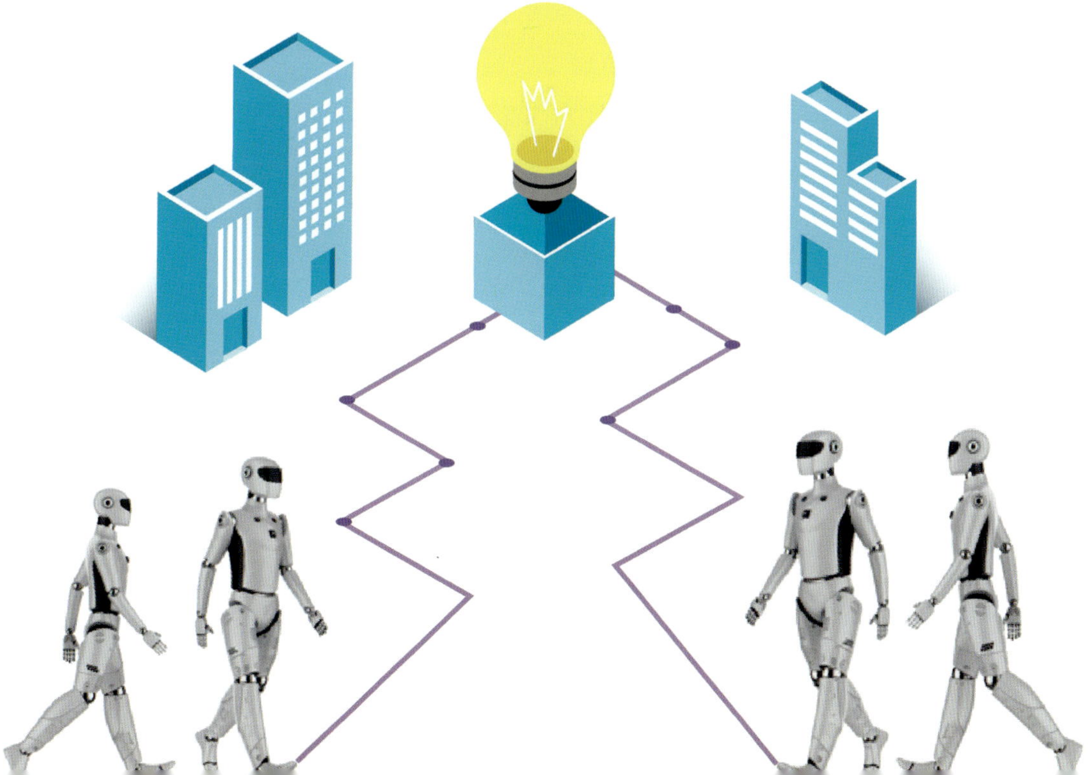

PART 3 서비스 행동

2 Chapter

신뢰받는 미소와 표정

부드럽고 편안한 미소는 고객의 마음을 여는 강력한 수단이다.

나는 고객에게 편안함을 줄 수 있는 아름다운 미소를 가지고 있는가? 라는 물음에 긍정적인 대답을 할 수 있어야 한다. 왜냐하면 '미소 띤 얼굴'은 내면 심리상태의 외적표현이기 때문이다. 따라서 미움이나 분노를 사라지게 하는 힘이 있다. 뿐만 아니라 고객의 마음을 편안하게 할 수도 있고, 지속적으로 좋은 관계를 유지하며 서로에게 도움이 되는 관계를 구축할 수 있다.

환하게 웃는 밝은 모습을 만들기 위해서는 먼저, 긍정적인 마인드를 가져야 한다. 긍정적인 마인드를 가지게 되면 상대방에게 좋은 표정으로 대하게 되고 결국, 주위에 좋은 사람들이 많이 모이게 된다. 고객에게 호감 받는 좋은 표정을 가지려면 지속적인 자기 관리가 필요하다. 호감 가는 좋은 표정은 '훈련'과 '연습'으로 만들 수 있다.

실천적 방안으로는,

- 첫째, 매일 긍정적인 생각을 한다.
- 둘째, 얼굴의 표정 근육을 부드럽게 해 주는 운동을 한다.
- 셋째, 거울을 자주 보며 자신의 웃는 얼굴을 칭찬한다.

- 넷째, 자신의 미소 짓는 모습을 휴대폰으로 촬영하여 확인한다.
- 다섯째, 다양한 표정을 연출한 뒤 가장 부드럽고 신뢰가 가는 표정을 찾아내어 매일 반복 훈련한다.

호감 가는 밝은 표정은 서비스 제공자가 가져야 하는 기본 모습이며, 면접 및 대인관계를 좋게 하는 첫 출발이기도 하다. '미소 짓지 못하는 사람은 고객 앞에 설 자격이 없다.'

[1] 호감 가는 표정

'표정'의 사전적 정의는, '마음속에 품은 감정이나 정서 따위의 심리 상태가 겉으로 드러남' 또는 '그런 모습'이다.

[2] 표정의 중요성

- 밝은 표정은 자신과 상대방 모두를 편안하게 해 준다.
- 밝은 표정은 주위 사람들을 즐겁게 해 준다.
- 밝은 표정은 상대에게 호감을 주어 좋은 인간관계 유지에 도움을 준다.

반면,

- 어두운 표정은 상대에게 거부감을 주어 오해를 불러일으킬 수 있고 이로 인하여, 지속적인 만남이 어렵게 된다.
- 호감 가는 표정에 대한 평가는 상대방이 짧은 시간에 일방적으로 평가한다.
- 부정적으로 인식된 평가를 긍정적으로 바꾸기 어렵다.

[3] 표정의 긍정적 효과

- 마인드 컨트롤 효과
  즐겁고 기쁜 일이 있는 것처럼 일부러라도 웃다보면 저절로 기분이 좋아진다.
- 감정이입 효과
  밝은 표정을 한 사람에게서 발산되는 많은 밝은 인자[9]는 주위 사람들에게 그대로 전달된다.
- 신바람 효과
  피곤하고 지친 몸과 마음에 활력을 불어 넣어준다.
- 호감 효과
  환한 미소는 상대방에게 호감과 친밀감을 느끼게 해 준다.
- 실적향상 효과
  밝고 환한 미소는 업무 실적을 향상시킨다.
- 건강증진 효과
  웃는 얼굴은 뇌가 인지를 하면서 뇌의 온도를 낮추어주어 정신을 맑게 하는 데 도움을 준다. 웃는 흉내만으로도 같은 효과를 볼 수 있다.

9) 어떤 사물의 원인이 되는 낱낱의 요소나 물질.

호감 가는 표정 셀프 체크

항목	점수(1점~5점)
나는 웃는 모습이 마음에 든다.	
나는 웃는 얼굴이 자연스럽다고 칭찬받은 적이 있다.	
나는 웃는 얼굴이 매력적이라고 칭찬받은 적이 있다.	
나는 웃을 때 치아가 많이 보이도록 입을 크게 벌리고 웃는다.	
나는 웃을 때 입술 끝이 위로 향하도록 노력한다.	
나는 항상 웃는 얼굴로 사람들을 대하려고 노력한다.	
나는 사진을 찍거나 대화할 때 자연스럽게 웃을 수 있다.	
나는 웃을 때 손으로 입을 가리지 않는다.	
나는 얼굴을 바꾸고 싶다고 생각해 본 적이 없다.	
나는 마음에서 우러나오는 진심 어린 웃음을 웃는다.	
나는 웃을 때 기쁘다.	

[4] 호감 가는 표정 만들기

- 남성 용모

- 여성 용모

가. 미소 짓는 눈썹 만들기

- 하나, 눈썹을 위로 올린다.
- 둘, 올린 채로 멈춘다.
- 셋, 눈썹을 내린다.

- 눈썹을 올렸다 내렸다 연속 3회 반복한다.
- 빠르게와 느리게를 번갈아 가면서 3회 반복한다.
- 거울을 보면서 손가락을 눈썹 위에 일자로 대고 스스로 체크한다.
- 2인 1조로 서로 마주보며 연습 후 크로스 체크한다.

나. 미소 짓는 눈 만들기

- 눈을 천천히 감았다 떴다 3회 반복한다.
- 정면을 바라보고 위⬆, 아래⬇, 좌⬅, 우➡ 3회 반복한다.

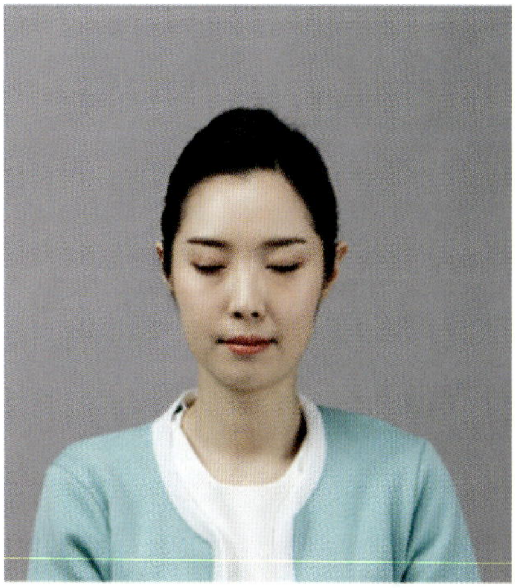

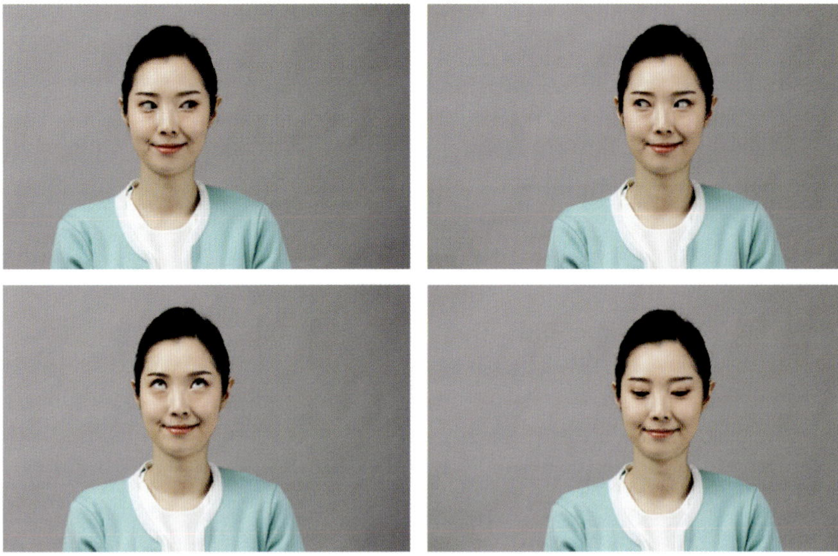

- 정면을 바라보고 시계방향으로 눈동자를 한 바퀴 돌린다(3회).
- 정면을 바라보고 시계 반대 방향으로 눈동자를 한 바퀴 돌린다(3회).
- 빨리와 천천히를 번갈아가면서 반복한다.

다. 미소 짓는 코 만들기

- 콧등을 위로 올리며 코를 찡긋한다.
- 코를 환하게 펴 준다.
- 코를 찡긋했다 폈다를 3회 반복한다.

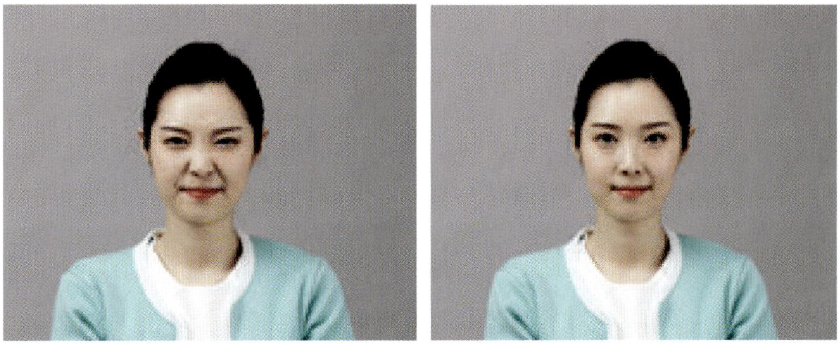

라. 미소 짓는 입 표정 만들기

- 입을 크게 벌리고 하, 히, 후, 헤, 호를 3회 반복한다.
  - 하: 얼굴 전체의 근육이 움직일 정도로 입을 크게 벌려 소리를 낸다.
  - 히: 양쪽 입꼬리를 힘껏 당긴다.
  - 후: 입술을 앞으로 쭈욱 내밀며 소리 낸다.
  - 헤: 양쪽 입꼬리를 위로 끌어당긴다.
  - 호: 입술을 모은다.

하

히

후

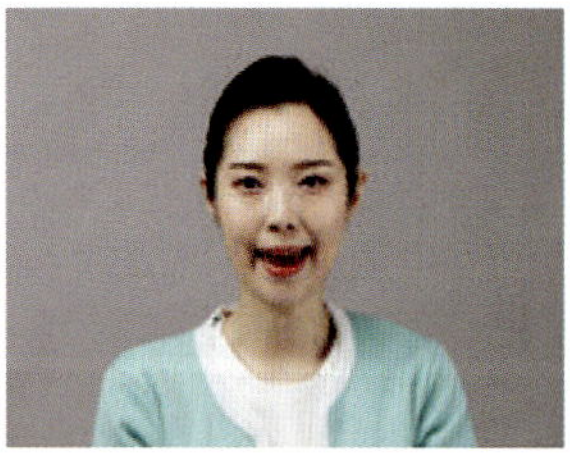
헤

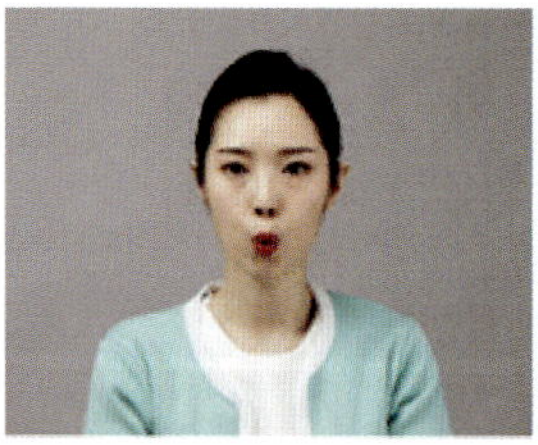
호

마. 미소 짓는 볼 표정 만들기

- 양 볼에 바람을 가득 넣어 볼 근육을 쫙 펴준다.
- 볼을 부풀린 상태로 오른쪽 볼에 바람을 모은다.
- 볼을 부풀린 상태로 왼쪽 볼에 바람을 모은다.
- 볼을 부풀린 상태로 좌 · 우 반복하여 볼을 끌어당긴다.

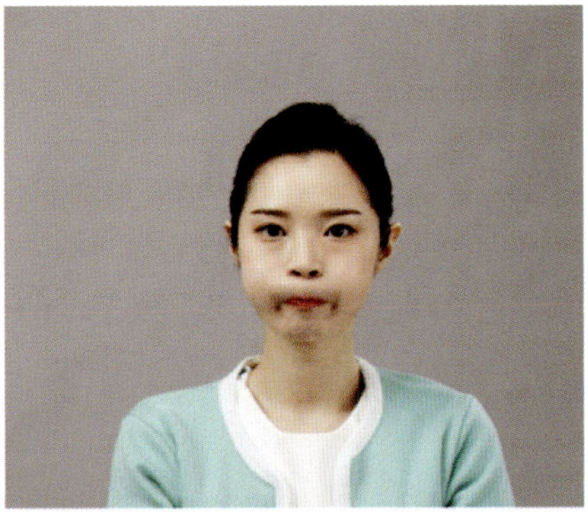

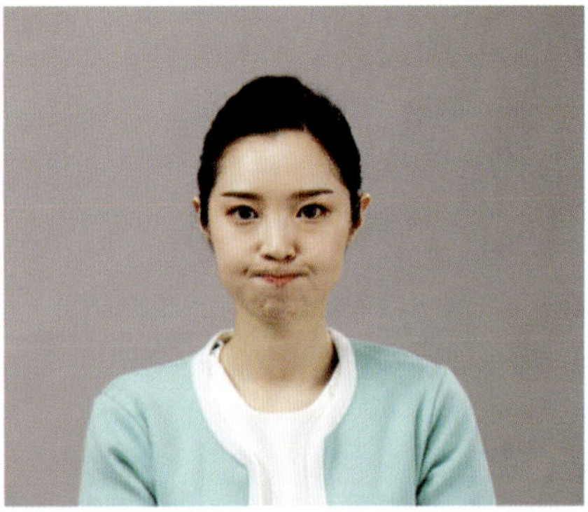

바. 아름다운 미소 유지하기

- 얼굴 전체의 근육을 충분히 이완시킨 후
- 아름답고 편안한 미소를 짓는다.
- 미소 지은 모습을 30초 또는 1분 이상 유지한다.
- 자연스러운 미소 연출 및 유지를 위하여,
  - 위스키 ~ ~ ~
  - 김치 ~ ~ ~
  - 치즈 ~ ~ ~
  - 와이키키 ~ ~ ~

- 쿠키~ ~ ~등 단어를 이용한다.

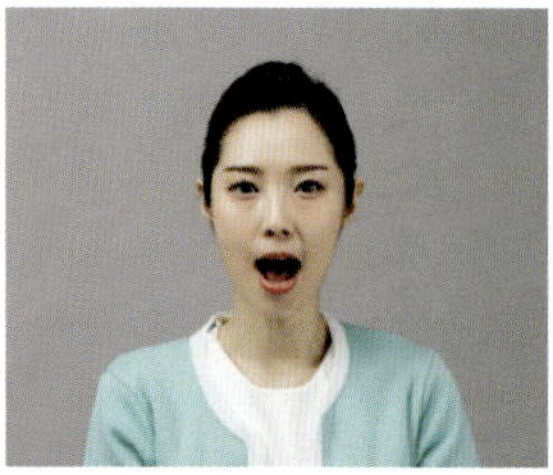

와

이

키

키

키

사. 다양한 표정 연출

- 행복한 표정
- 기쁜 표정
- 놀라는 표정
- 슬픈 표정
- 신맛 느낌 표정
- 쓴맛 느낌 표정
- 아픈 표정

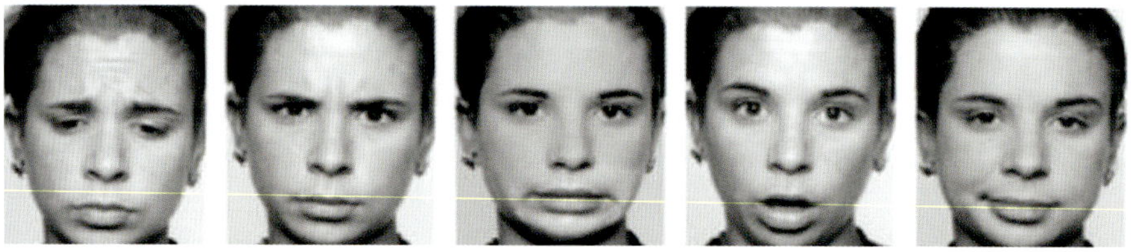

고객에게 일류의 미소를 제공하라!

힐튼 호텔의 '콘래드 힐튼' 사장은 전 직원을 대상으로 한 회의에서, 질문했다.

'우리에게는 일류의 객실, 일류의 시설이 있습니다.'
'여기에 또 하나의 일류가 필요합니다.'
'이것은 힐튼이 고객들에게 더욱 더 사랑받을 수 있는 비결입니다.'

"과연 무엇일까요?"

다양한 대답을 들은 힐튼은 고개를 가로저었다. 그리고 말했다.

'호텔에 일류의 객실과 일류의 시설은 갖추어져 있지만 일류의 미소가 없다면 어떨지 생각해 보십시오. 직원들의 미소가 없는 호텔은 햇볕이 들지 않는 정원과 같습니다.'

'고객에게 일류의 미소를 제공하라!'

이 말은 '콘래드 힐튼'의 명언이다.
1930년대 대공황으로 인해 미국 전체 호텔의 87%가 문을 닫고, 힐튼 호텔도 심각한 경영난을 겪었지만, 그 와중에도 힐튼 사장은 고객에게 미소 지을 것을 강조했다.

경기가 회복된 후 힐튼 호텔은 탄탄한 성장세를 이룩하여 지금은 전 세계에 체인 호텔을 둔 세계적인 호텔그룹이 되었다. 힐튼 호텔의 성공은 '콘래드 힐튼'이 늘 강조한 '일류의 미소'에 있다.

출처: 설립자 콘래드 N. 힐튼

윌리엄 제임스(William James)의 명언!!!

"We don't laugh because we're happy,
we're happy because we laugh."

"행복해서 웃는 것이 아니라 웃기 때문에 행복하다."

10)

출처: https://blog.naver.com/bonem25/221681095303

10) 윌리엄 제임스(William James, 1842~1910). 미국의 철학자 & 심리학자. 철학, 종교학, 심리학 등에 탁월한 업적을 남김. 주요 저서로는, 심리학 원리(1890), 프래그머티즘(1907), 근본적 경험론(1912) 등이 있음

생각해 봅시다

■ '호감 가는 표정' 만들기를 반복하면서 크로스 체크해보자.

■ '미소가 아름다운' 지인을 소개해보자.

CHAPTER

3

신뢰받는 용모

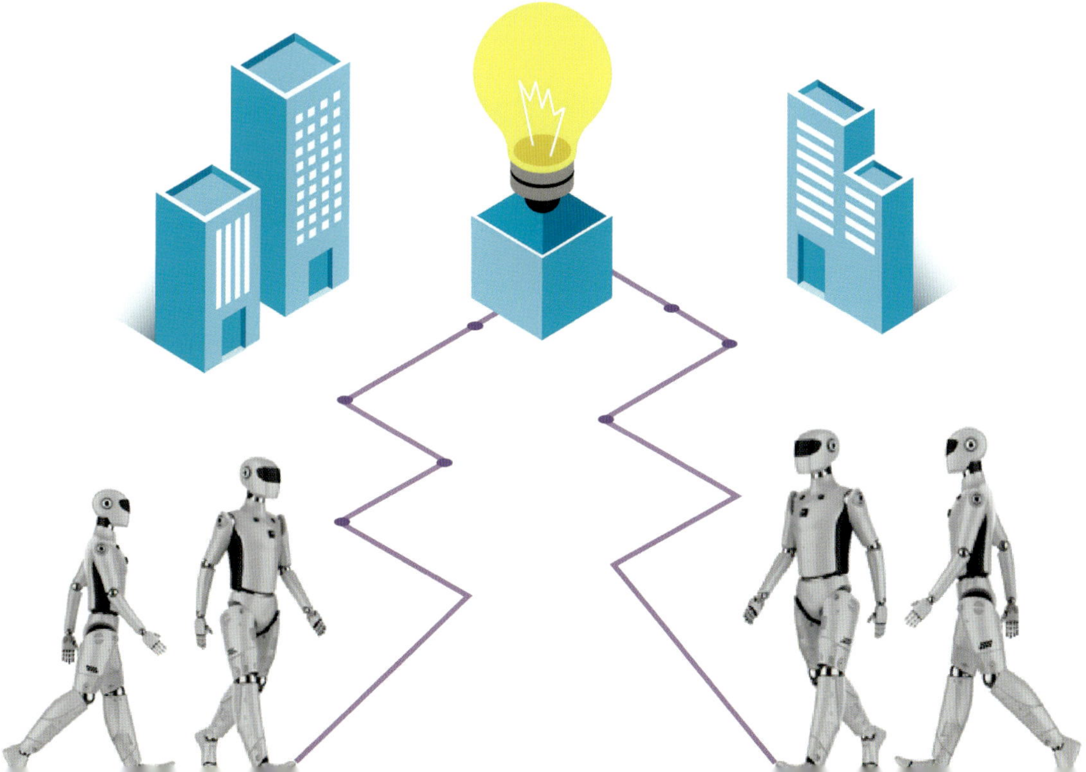

PART 3 서비스 행동

Chapter 1 첫인상과 이미지

1. 첫인상과 이미지 개념
2. 첫인상의 중요성
3. 첫인상 이론

Chapter 2 신뢰받는 미소와 표정

1. 호감 가는 표정
2. 표정의 중요성
3. 표정의 긍정적 효과
4. 호감 가는 표정 만들기

Chapter 3 신뢰받는 용모

1. 용모의 개념
2. 용모의 중요성
3. 용모 기본 점검

Chapter 4 신뢰받는 복장

1. 복장 개념
2. 복장 중요성
3. 복장 기본 점검

Chapter 5 신뢰받는 인사

1. 인사의 개념
2. 인사의 중요성
3. 인사할 때의 요령
4. 인사의 잘못된 표현
5. 기분 좋은 인사말
6. 품격 있는 인사 만들기

Chapter 6 신뢰받는 대화

1. 대화 개념
2. 대화의 중요성
3. 대화(의사전달) 이론
4. 언어적 커뮤니케이션
5. 비언어적 커뮤니케이션
6. 성공을 부르는 대화 기법

Chapter 7 신뢰받는 전화

1. 전화응대의 중요성
2. 전화응대의 특성
3. 전화응대의 기본 원칙
4. 감동 전화응대 기법
5. 전화응대 주의사항

3 Chapter

신뢰받는 용모

[1] 용모의 개념

용모(容貌)는 '사람의 얼굴 모양'을 의미한다. 유사어로서 외모(外貌)는 '얼굴과 몸매'를 의미한다. 또 다른 유사어로서 풍모(風貌)는 얼굴, 몸매, 복장, 태도 등 '외적으로 보여지는 모든 모습'이다.

[2] 용모의 중요성

서비스직원 용모의 청결이나 단정함은 서비스기업의 강력한 경쟁력이다. 때문에 '용모단정'은 환대서비스 기업 전반에서 요구되는 필수 조건이다. '용모단정'은 기업이 요구하는 권고사항이 아니라 직원이 준수해야 하는 '필수 규범'이다. 이에 기업에서는 직원이 지켜야 하는 '용모단정 의무'를 두고 있다.

- 용모단정의무: 사업자가 사업의 내용에 따라서 근로자의 복장이나 두발 및 수염 등 용모에 관해 일정한 규율을 정한 경우, 그 규율이 사업운영에서 필요성과 합리성이 인정되는 범위에서 직원은 이에 따라야 한다(실무노동용어사전).

서비스접점에서 고객을 응대하는 서비스직원의 용모가 지저분하거나, 경박해 보이거나 혹은 좋지 못한 냄새를 풍긴다면 고객의 반응은 어떠하겠는가? 고객은 당연히 매우 불쾌할 것이고 나쁜 서비스평가와 함께 기업을 떠나게 된다. 이에 서비스직원은 항상 청결하고, 단정하고, 단아한 외적모습을 유지해야 한다. 단정하고 청결한 용모는 서비스 제공자 입장에서뿐만 아니라 서비스직원 자신의 입장에서도 자신감이나 자존감을 높일 수 있는 중요한 매개체이다.

[3] 용모 기본 점검

가. 여성

■ 두발

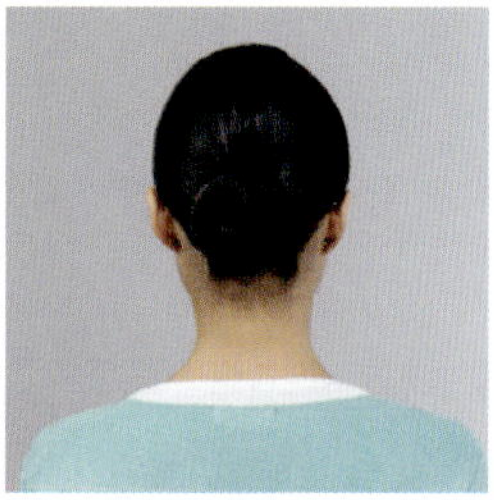

- 머리카락이 흘러내리지 않아야 한다.
- 앞머리가 눈을 가리지 않아야 한다.
- 염색머리의 컬러는 너무 눈에 띄지 않아야 한다.
- 짧은 머리는 귀 뒤로 넘겨 고정시키고, 긴 머리는 단정하게 묶는다.
- 헤어핀이나 리본 등은 너무 화려하지 않아야 한다.
- 샴푸나 린스 등 헤어용품의 향기는 과도하지 않아야 한다.

■ 손(손톱)

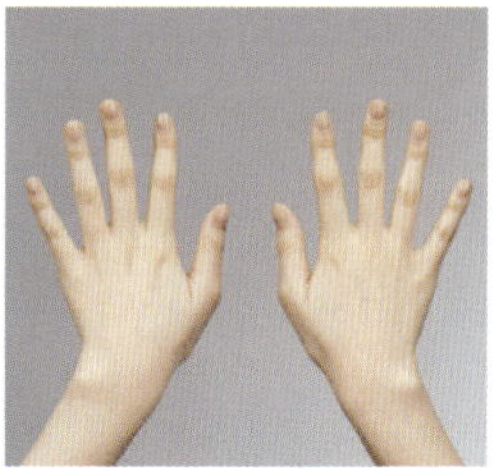

- 손톱은 짧게 관리한다.
- 손톱 밑이나 손톱 주위의 청결을 유지한다.
- 매니큐어는 투명색 또는 연한 색으로 하며 색이 벗겨지지 않도록 한다.
- 손은 수시로 씻어서 청결을 유지한다.

■ 얼굴

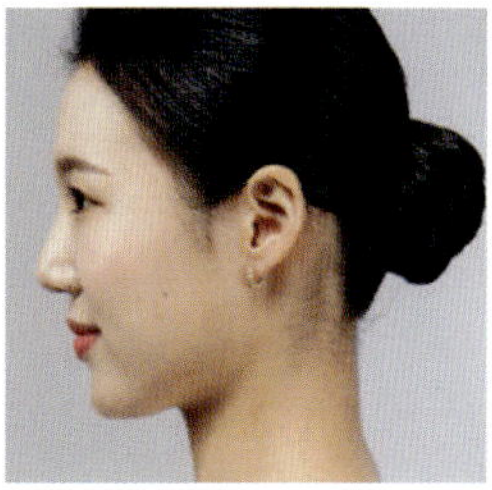

- 지나치게 화려하거나 진한 화장은 지양한다.
- 향기 강한 향수 사용을 자제한다.
- 립스틱 컬러는 자연스러운 색을 선택한다.
- 서비스 제공 공간에서는 항상 깨끗한 얼굴을 한다.
- 음식 섭취 후 항상 양치질을 하여 입 냄새가 나지 않도록 한다.

나. 남성

■ 두발

- 머리카락이 흘러내리지 않도록 한다.
- 앞머리가 눈을 가리지 않도록 한다.
- 염색머리의 컬러는 너무 눈에 띄지 않도록 한다.
- 옆머리는 귀를 덮지 않도록 하고, 뒷머리는 셔츠에 닿지 않도록 한다.
- 머리카락이 날리지 않도록 헤어 젤 등을 사용하여 고정시킨다.
- 샴푸나 린스 등 헤어용품의 향기는 과도하지 않아야 한다.

■ 손(손톱)

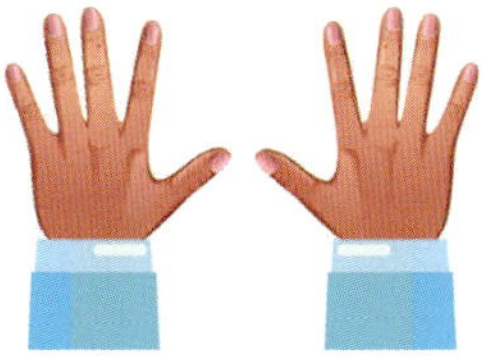

- 손톱은 짧게 관리한다.
- 손톱 밑이나 손톱 주위의 청결을 유지한다.
- 손은 수시로 씻어서 청결을 유지한다.

■ 얼굴

- 매일 면도를 하여 깔끔한 이미지를 만든다.
- 향기 강한 향수 사용을 자제한다.
- 코털은 수시로 잘라 준다.
- 서비스 제공 공간에서는 항상 깨끗한 얼굴을 한다.
- 음식 섭취 후 항상 양치질을 하여 입 냄새가 나지 않도록 한다.

'청결한 & 단정한 용모' 셀프 체크

항 목	점수(1점~5점)
나의 머리모양은 항상 단정하다.	
나의 얼굴은 항상 깨끗하다.	
나는 과도한 헤어 염색을 하지 않는다.	
나는 항상 얼굴에 기본적인 메이크업을 하고 외출한다.	
나는 양치질을 자주하여 입 안 청결을 유지한다.	
나는 샤워를 자주하여 몸 청결을 유지한다.	
나의 머리에서는 항상 향기로운 향기가 난다.	
나는 입 냄새가 나지 않는다.	
나는 항상 향기로운 향기를 유지하려고 노력한다.	
나는 전반적으로 불쾌한 냄새가 나지 않는다.	
나는 적당한 손톱 길이를 유지한다.	
나는 손톱 매니큐어 상태를 잘 관리한다.	
나는 과도한 메이크업을 하지 않는다.	
나는 헤어 액세서리를 너무 화려하게 하지 않는다.	

'피그말리온(Pygmalion)' 신화

그리스 신화에 나오는 '피그말리온'은 키프로스섬의 조각가이다.

그리스 신화 중, 미와 사랑을 관장하는 가장 아름다운 여신! 제우스신의 딸! '아프로디테(Aphrodite)'의 저주를 받은 '키프로스섬'의 여인들의 삶은 온전하지 못하였다. 타락한 삶을 살아가는 여인들을 혐오하게 된 피그말리온(Pygmalion)은 독신으로 살아갔다. 대신에, 상아로 아름다운 여인을 조각하여 '갈라테이아'라 이름 붙이고 진짜 연인을 대하듯 꽃과 옷을 선물하며 정성을 다했다.

그러던 어느 날, 아프로디테의 축제일에 제물을 바치면서 '갈리테이아' 조각상을 진짜 여인으로 변하게 해달라고 소원을 빌었다. 아름다운 '아프로디테' 여신은 '피그말리온'의 사랑에 감동하여 소원을 들어주었다. 아프로디테가 보낸 에로스가 조각상 손에 입을 맞추자 조각상은 아름다운 여인으로 변하였다. 그 후 '피그말리온'은 진짜 여인이 된 '갈리테이아'와 결혼하여 아들 '파포스'를 낳고 행복하게 살았다.

출처: https://ko.wikipedia.org/wiki/%ED%94%BC%EA%B7%B8%EB%A7%90%EB%A6%AC%EC%98%A8
저자 재구성

피그말리온 효과(Pygmalion effect) 사례!!

피그말리온 효과는 "교육심리학에서 심리적 행동의 하나로, 교사의 기대에 따라 학습자의 성적이 향상되는 것"으로서, "무엇인가에 대한 기대, 믿음, 관심, 예측이 실제로 일어나는 경향"을 의미한다. 로젠탈 효과, 자성적 예언, 자기 충족적 예언이라고도 한다.

하버드대학교 사회심리학과 교수 '로버트 로젠탈(Robert Rosenthal' 박사는 쥐를 통한 미로 찾기 실험에서, 정성을 다해 키운 '쥐'의 그룹이 소홀히 취급했던 '쥐' 그룹보다 훨씬 더 미로를 잘 찾는다는 결과를 바탕으로, 교육현장에서 실험을 실시하였다.

초등학교의 전교생을 대상으로, '하버드식 돌발성 학습능력 예측 테스트'라는 보통의 테스트를 한 뒤에 약 20%의 학생을 무작위로 선발하였다. 교사에게 명단을 전달하면서 '지적 능력이나 학업 성취의 향상 가능성이 높은 학생'이라고 믿게 했다. 그러나 실제로는 아무런 의미가 없는 무작위로 선발된 학생명단이었다.

그럼에도 불구하고, 몇 개월 뒤에 같은 지능검사를 재실시했을 때 명단에 있는 학생들의 평균점수는 다른 학생들보다 월등히 높게 나타났고 성적도 크게 향상되었다. 교사의 기대와 격려! 그리고 자신을 인정하고 존중해주는 타인의 기대에 부응하려고 하는 학생의 노력이 실제로 좋은 결과를 만들어낸 것이다.

"간절히 소망하고 정성을 다하면 좋은 결과가 따른다."

출처: https://sungwookkang.com/496 저자 재구성

생각해 봅시다

- 신뢰받는 용모의 중요성에 대하여 토론하라.

- 단정한 용모를 위한 활동 경험을 공유하라.

CHAPTER

4

신뢰받는 복장

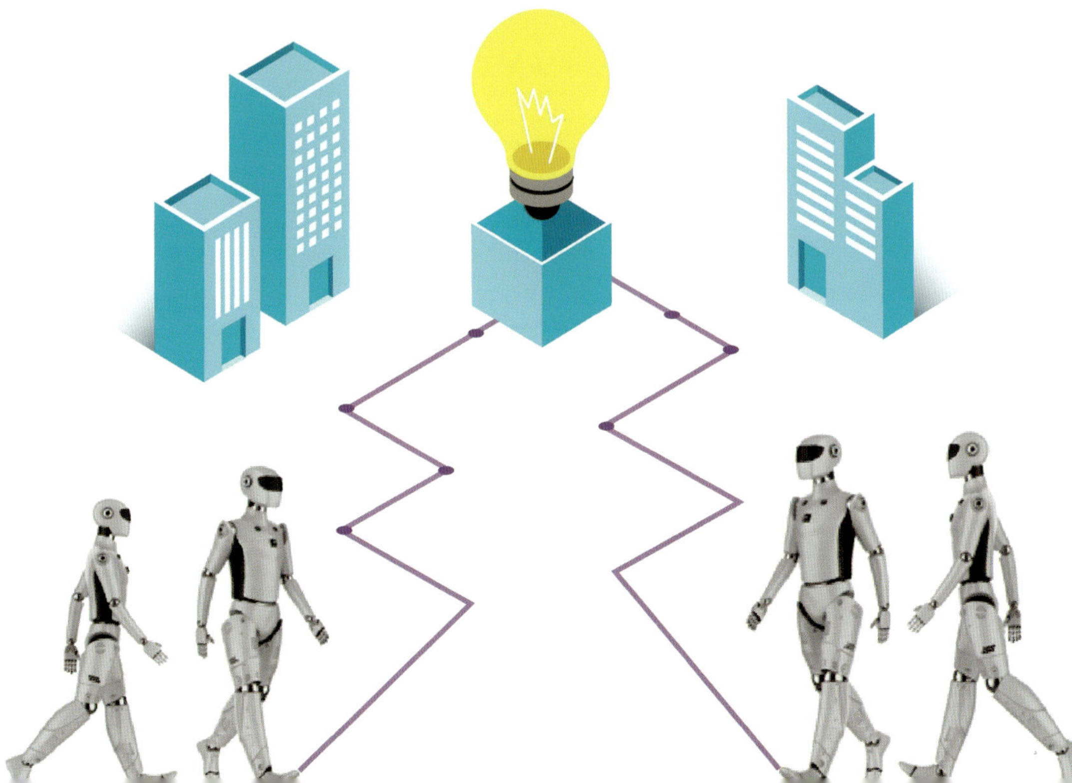

PART 3 서비스 행동

Chapter 1 첫인상과 이미지

1. 첫인상과 이미지 개념
2. 첫인상의 중요성
3. 첫인상 이론

Chapter 2 신뢰받는 미소와 표정

1. 호감 가는 표정
2. 표정의 중요성
3. 표정의 긍정적 효과
4. 호감 가는 표정 만들기

Chapter 3 신뢰받는 용모

1. 용모의 개념
2. 용모의 중요성
3. 용모 기본 점검

Chapter 4 신뢰받는 복장

1. 복장 개념
2. 복장 중요성
3. 복장 기본 점검

Chapter 5 신뢰받는 인사

1. 인사의 개념
2. 인사의 중요성
3. 인사할 때의 요령
4. 인사의 잘못된 표현
5. 기분 좋은 인사말
6. 품격 있는 인사 만들기

Chapter 6 신뢰받는 대화

1. 대화 개념
2. 대화의 중요성
3. 대화(의사전달) 이론
4. 언어적 커뮤니케이션
5. 비언어적 커뮤니케이션
6. 성공을 부르는 대화 기법

Chapter 7 신뢰받는 전화

1. 전화응대의 중요성
2. 전화응대의 특성
3. 전화응대의 기본 원칙
4. 감동 전화응대 기법
5. 전화응대 주의사항

4 Chapter

신뢰받는 복장

[1] 복장 개념

복장(服裝)의 사전적 용어는 '옷차림'으로서 '옷을 차려입은 모양'이다. 복장은 '비언어적 커뮤니케이션'의 중요한 전달 수단이다.

[2] 복장 중요성

외적표현인 복장은 자신감을 가지게 할 수 있고, 대인관계에 적극적으로 임하게 할 수 있으며, 즐거운 생활을 영위할 수 있게 한다. 현대사회에서 이제 '옷차림은 단순히 자신의 패션만족이 아니라 철학이고 비즈니스 전략'이다. 특히, 비즈니스에서의 복장은 상대방의 예의나 신뢰의 수준을 결정짓는 중요한 판단근거가 된다. 또한 상대방이 어떤 복장상태를 하고 있는가에 따라서 그 사람의 성격, 민족성, 나이, 직업, 경제수준, 교육수준, 거주지 등을 미루어 짐작하게 된다. 따라서 신뢰할 수 있는 사람이라는 인상을 줄 수 있도록 단정한 복장의 일상화가 필요하다.

환대서비스 기업에서 깨끗하고 청결한 복장은 서비스기업의 첫인상을 좌우하는 중요한 요소다.

단정하지 못하거나 지저분한 복장은,

- 주위 및 직장 내 분위기를 어둡게 한다.
- 고객의 기분을 상하게 하여 서비스평가를 저하시킨다.
- 주위 사람들에게 불쾌감을 준다.
- 기업 및 개인의 이미지에 부정적 영향을 미친다.
- 사람들이 피한다.
- 준비되어 있지 않다는 인상을 준다.
- 상대의 직업에 대한 불신을 가질 수도 있다.
- 상대의 경제력에 대한 부정적 평가를 할 수 있다.
- 그 사람과 어떠한 네트워크도 가지고 싶지 않다는 생각을 하게 된다.
- 그 사람이 제공하는 상품 및 서비스를 사고 싶지 않다.

이에, 서비스직원은 자신과 고객에게 좋은 느낌을 줄 수 있는 단정하고 맵시 있는 복장으로 서비스에 만전을 기해야 한다.

기업의 입장에서 서비스직원의 복장은,

- 단순한 멋이 아닌 기업의 마케팅 전략이다.
- 개인적으로는 삶의 전략이다.
- 서비스 평가를 받는 척도가 된다.
- 고객을 맞이할 준비가 완벽하다는 이미지를 형성한다.
- 서비스기업의 좋은 이미지 형성의 중요 요인이다.
- 기업 업(業)의 지향점을 제시한다.

복장 관련 이론들을 살펴보면 다음과 같다.

가. 후광 효과(헤일로 이펙트; Halo effect)

'후광 효과(Halo effect)'란 일반적으로 어떤 사물이나 사람에 대해 평가를 할 때 그 일부의 긍정적, 부정적 특성에 주목해 전체적인 평가에 영향을 주어 대상에 대한 비객관적인 판단을 하게 되는 인간의 심리적 특성을 말한다(위키백과). 보여지는 이미지가 매력적인 사람은 아래와 같이 그 사람의 다른 면까지도 긍정적으로 판단하게 된다. 이러한 긍정적 판단을 '후광 효과(Halo effect)'라고 한다.

- 지적일 것이다.
- 관대할 것이다.
- 성격이 좋을 것이다.
- 배려심이 많을 것이다.
- 항상 즐겁게 생활할 것이다.
- 좋은 직장을 가지고 있을 것이다.
- 집안 환경이 좋을 것이다.

반면, 보여지는 모습이 매력적이지 못한 사람은 그 사람의 다른 면까지도 부정적으로 생각 또는 판단하게 되는데, 이러한 현상을 '부정 후광 효과(Negative Halo effect)'라고 한다. 예를 들어,

- 성격이 좋지 않을 것이다.
- 둔할 것이다.
- 이기적일 것이다.
- 배려심이 없을 것이다.
- 짜증이 많을 것이다.
- 열등감이 많을 것이다.
- 집안 환경이 나쁠 것이다.

후광 효과에서 보여주듯이, 옷차림은 '첫인상을 결정짓는 중요한 요소'

이며, 인간관계 지속 유·무의 매력적 매개체다. 특히, 서비스기업에서는 청결하고 단정한 복장이 기업 서비스평가의 강력한 경쟁력이 된다. 외적으로 보여지는 옷차림으로 인하여 고객이 인지하는 기업의 서비스 평가는 실제보다 훨씬 더 좋을 수도 있고 반대로 훨씬 나쁠 수도 있다. 고객에게 어떤 평가를 받을 것인가? 깊은 고민과 함께 실천하는 것이 필요하다.

나. T. P. O. = 시간(Time), 장소(Place), 상황(Occasion)

'T. P. O.는 Time(시간), Place(장소), Occasion(경우/상황)'의 머리글자를 따온 일본식 영어 약자이다. '때와 장소, 경우·상황에 따른 방법과 태도, 복장 등의 구분'을 의미하며, 일본 패션브랜드 VAN Jacket(ヴァンヂャケット)의 창시자 '시즈 겐스케'가 창안한 개념이다(위키백과).

복장은 때와 장소와 목적에 따라서 달라야 한다. 일상생활에서, 면접에서, 비즈니스에서, 장례식이나 결혼식 등 경조사에서 각각 다르게 입어야 한다. 상황에 따라 다른 복장은 단순히 눈에 보이는 깨끗함이나 청결함만을 나타내는 것이 아니라, 그때그때 각각 다른 의미가 부여된다. 따라서 T.P.O.를 고려한 복장 선택은 매우 중요하다.

Point

세련된 복장의 3대 포인트

- "항상 청결하게"
- "지나치게 화려하지 않도록"
- "전체적인 조화를 고려한다."

[3] 복장 기본 점검

가. 비즈니스 복장

- 셔츠 소매 및 목둘레 깃은 항상 깨끗하게 한다.
- 소매는 걷어 올리지 않도록 한다.
- 단추 및 지퍼는 동일한 것으로 잘 채워져 있는지 체크한다.
- 음식물 얼룩이 남지 않도록 한다.
- 터진 곳이 없는지 확인하고 바로 꿰매도록 한다.
- 구김이 가지 않도록 유지한다.
- 스카프는 적절하게 활용한다.(여)
- 넥타이는 슈트와 조화롭게 한다.(남)
- 규정된 액세서리 착용한다.
- 벨트 버클은 너무 화려하지 않도록 한다.(남)
- 넥타이 컬러는 슈트와 조화롭게 비뚤어지거나 너무 느슨하지 않도록 한다.(남)
- 스타킹은 슈트 색상과 조화가 이루어지도록 한다.(여)
  - 망사스타킹은 지양한다.
  - 화려한 컬러 스타킹은 지양한다.
- 양말은 슈트 색상과 조화가 이루어지도록 한다.(공통)
  - 양말은 바지보다 약간 짙은 색이 좋다.
  - 슈트에 흰색 양말은 피한다.
- 스타킹은 올이 풀렸는지 점검한다.(여)
- 스커트는 무릎 선을 기준으로 너무 길거나 너무 짧지 않도록 한다.(여)
- 슈트는 몸에 너무 꽉 끼거나 너무 큰 것을 입지 않도록 한다.
- 주머니에 소지품을 많이 넣어서 옷 입은 맵시가 망가지지 않도록 한다.

- 구두는 깨끗한 상태를 유지한다.
- 구두 굽이 닳거나 손상된 부분은 바로 수선한다.
- 구두 굽이 너무 높거나 낮지 않은 것이 좋다.

나. 면접 복장

- 정장 상의는 너무 짧거나 길어서는 안 된다.
- 정장 컬러는 전체적인 조화를 고려하여 착용한다.
  - 차분한 회색 또는 파스텔 톤의 베이지색, 검정색, 블루색, 감색 등이 좋다.
- 셔츠나 블라우스는 깨끗한 상태로 착용한다.
  - 구김이나 얼룩이 없도록 한다.
  - 헤진 부분이나 단추가 떨어지지 않았는지 확인한다.
  - 소매 길이는 적당하게 한다.
- 바지 길이는 구두 윗부분에 맞춘다.(공통)
- 스커트는 무릎 선을 기준으로 너무 길거나 너무 짧지 않도록 한다.(여)
- 스타킹은 올이 풀렸는지 점검한다.(여)
  망사스타킹이나 컬러가 화려한 것은 피한다.(여)
- 구두는 표면에 무늬가 없는 무난한 것이 좋다.
- 구두의 컬러가 너무 과하지 않도록 한다.
- 구두 굽은 너무 높거나 낮지 않고 심플한 것이 좋다.(여)
  - 구두 굽은 보통 5~7cm 사이가 안정감 있고 좋다.(여)
  - 발가락이 보이지 않도록 구두 앞쪽은 막혀 있는 것을 선택하는 것이 좋다.(여)
- 양말은 정장용으로 신는다.
- 시계, 안경 등 액세서리는 최소로 하고 최대한 자연스럽게 한다.

'청결한 & 단정한 복장' 셀프 체크

항목	점수(1점~5점)
나의 슈트는 항상 깨끗하다.	
나의 슈트는 불쾌한 냄새가 나지 않는다.	
나는 셔츠나 블라우스를 항상 깨끗하게 입는다.	
셔츠 소매 및 목둘레 깃은 항상 깨끗하게 한다.	
슈트 차림일 때 소매는 걷어 올리지 않는다.	
항상 단추 및 지퍼는 동일한 것으로 잘 채워져 있는지 체크한다.	
음식물 얼룩이 남지 않도록 잘 관리한다.	
나는 구김이 가지 않도록 잘 유지한다.	
액세서리는 너무 화려하지 않은 것으로 착용한다.	
벨트 버클은 과도하게 화려한 것은 피한다.	
넥타이나 스카프 컬러는 슈트와 조화를 고려한다.	
넥타이나 스카프 비뚤어지거나 너무 느슨하지 않도록 한다.	
스타킹은 슈트 색상과 조화가 이루어지도록 한다.	
양말은 슈트 색상과 조화가 이루어지도록 한다.	
스커트는 무릎 선을 기준으로 너무 길거나 너무 짧지 않도록 한다.	
스타킹은 올이 풀렸는지 점검한다.	
슈트는 몸에 너무 꽉 끼거나 너무 큰 것을 입지 않는다.	
주머니에 소지품을 많이 넣어서 옷 입은 맵시가 망가지지 않도록 한다.	
구두는 깨끗한 상태를 유지한다.	
나는 구두 굽이 닳거나 손상된 부분은 바로 수선하여 신는다.	

생각해 봅시다

- 복장이 단정한 서비스직원과 복장이 불량한 서비스직원의 근무 성과는 어떻겠는가?

- 후광 효과(헤일로 이펙트; Halo effect)의 사례에 대하여 토론하라.

- T. P. O. = 시간(Time), 장소(Place), 상황(Occasion)에 관하여 토론하라.

CHAPTER

5

신뢰받는 인사

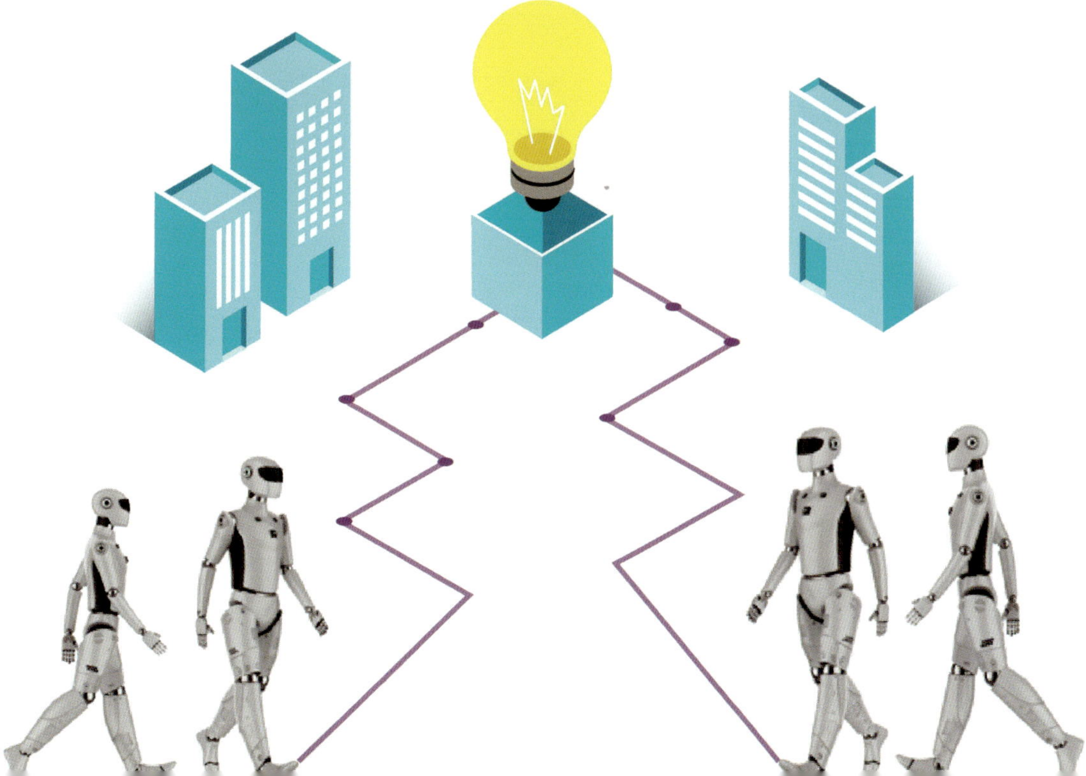

PART 3 서비스 행동

Chapter 1 첫인상과 이미지

1. 첫인상과 이미지 개념
2. 첫인상의 중요성
3. 첫인상 이론

Chapter 2 신뢰받는 미소와 표정

1. 호감 가는 표정
2. 표정의 중요성
3. 표정의 긍정적 효과
4. 호감 가는 표정 만들기

Chapter 3 신뢰받는 용모

1. 용모의 개념
2. 용모의 중요성
3. 용모 기본 점검

Chapter 4 신뢰받는 복장

1. 복장 개념
2. 복장 중요성
3. 복장 기본 점검

Chapter 5 신뢰받는 인사

1. 인사의 개념
2. 인사의 중요성
3. 인사할 때의 요령
4. 인사의 잘못된 표현
5. 기분 좋은 인사말
6. 품격 있는 인사 만들기

Chapter 6 신뢰받는 대화

1. 대화 개념
2. 대화의 중요성
3. 대화(의사전달) 이론
4. 언어적 커뮤니케이션
5. 비언어적 커뮤니케이션
6. 성공을 부르는 대화 기법

Chapter 7 신뢰받는 전화

1. 전화응대의 중요성
2. 전화응대의 특성
3. 전화응대의 기본 원칙
4. 감동 전화응대 기법
5. 전화응대 주의사항

5 Chapter

신뢰받는 인사

[1] 인사의 개념

인사의 사전적 의미는 '마주 대하거나 헤어질 때 예를 표함', '처음 만나는 사람끼리 서로 이름을 통하여 자기를 소개함', '입은 은혜를 갚거나 치하할 일 따위에 대하여 예의를 차림. 또는 이와 관련된 말이나 행동'이다.

- 존경심, 감사, 사과, 축하, 위로, 만남 등에 대한 마음을 담은 상징적 외적 표현
- 상대방의 인격과 교양수준에 대한 판단 기준
- 인간관계 지속 유 · 무에 대한 결정요인이며, 상대방에게 감동을 줄 수 있는 행동
- 정성과 친절을 나타내는 서비스의 기본이다.

이와 같이, 다양한 의미가 있고 다양한 상황에서 나타낼 수 있는 인사는 상대방을 위함이기도 하지만 궁극적으로는 나 자신을 위한 것이다.

2 인사의 중요성

인사는 상대의 상황(지역, 나이, 성별, 학력, 경제력, 직업, 국가, 인종, 성격 등)에 관계없이 상호 우호적인 관계 구축 및 유지에 도움을 주는 중요 수단이다. 특히, 전 세계가 일일 생활권에 놓여 있는 글로벌 시대에 다른 나라 사람들과의 관계를 지속시켜주는 매개체이기도 하다.

상대에 대한 감사함이나 반가움을 밖으로 나타내지 않으면 알 수가 없다. 인사는 매우 평범하고 쉬운 행위이지만 먼저 표현하지 않으면 상대에게 진심이 전달되지 않는다. 따라서 인사는 진심 어린 마음을 담아서 항상 먼저 하는 것이 좋다. 다만, 인사표현 방법은 각 국가나 지역의 문화에 따라 다르기 때문에 상대방의 관습에 따라 예를 갖추는 것이 필요하다.

예를 들면,

- 동양 문화권에서는 윗사람이나 연장자의 눈을 똑바로 쳐다보는 것은 무례하다고 여기므로 주의한다.

반대로,

- 서양 문화권에서는 상대방의 눈을 똑바로 쳐다보지 않는 것은 솔직하지 못하거나 정직하지 못하다는 오해를 불러일으킬 수 있으므로 주의해야 한다.

[3] 인사할 때의 요령

상대방에게 편안함과 신뢰를 줄 수 있는 인사방법은 아래와 같다.

- 상대방의 얼굴을 보면서 밝은 표정과 목소리로
  눈 맞춤(eye contact)을 하며 환한 미소와 함께 명랑한 목소리로 한다.
- 상대방의 상황을 배려하여
  어린이, 휠체어를 탄 환자, 기내 좌석일 경우에는 무릎을 살짝 굽혀 눈높이를 맞추는 것이 좋다.
  고령자의 경우에는 분명하고 명쾌한 목소리로 또박또박 천천히 말하고 인사는 약 30도의 정중례로 한다. 이때 손을 잡는 행위 등 가벼운 스킨십은 친근감을 높이는 데 도움이 된다.
- 인사는 항상 내가 먼저
  인사는 받는 사람보다 하는 사람이 대화에서 유리하다.
- 지속적으로 한다.
  짧은 시간 내에 여러 번 만나더라도 볼 때마다 인사한다. 맞이할 때 환영인사보다 전송할 때 인사에 더 정중하게 인사한다. 마지막 헤어질 때 이미지는 오랫동안 여운을 남기며 지속될 가능성이 높다.

[4] 인사의 잘못된 표현

진심 어린 기분 좋은 인사는 긍정적인 관계를 형성하지만 인사에 성의가 없거나 가식적이라는 느낌이 드는 인사는 상대에게 부정적 이미지로 각인된다.

인사를 할 때, 주의해야 할 유형을 간단히 살펴보자.

- 망설임이 느껴지는 인사
  인사를 받는 상대방이 불쾌감을 느낄 수 있고, 불필요한 오해를 불러일으킬 수 있다.
- 기계적 또는 건성으로 하는 듯한 형식적인 인사
  인사하고 싶지 않지만 어쩔 수 없이 하는 듯한 느낌을 주어 상대방을 불쾌하게 만들 수 있다.
- 무표정하고 투박한 말투로 하는 인사
- 눈을 마주치지 않고 황급히 인사하고 지나가는 인사
- 자신의 인사만 하고 상대방의 인사를 받지 않는 인사 등이 있다.

[5] 기분 좋은 인사말

'기분 좋은 인사'는 상대방에게 존중받는 느낌을 전달한다. 서비스직원의 친절한 인사는 고객의 서비스평가를 좋게 하는 첫 번째 요소이다. 인사를 할 때 밝은 표정과 함께 관심을 표현하는 인사말을 추가로 건네는 쉬운 행동 하나에도 고객은 감동한다. 예를 들어,

- 긍정적 표현으로,
  "안녕하세요?"
  "오늘 날씨가 참 좋네요."
  "컬러가 잘 어울리십니다."
  "스타일이 정말 멋지시네요."

- 칭찬의 표현으로, 표정, 의복, 헤어, 액세서리 등을 칭찬한다.
  "오늘 정장과 스카프 컬러가 정말 잘 어울리십니다."
- 간단 질문으로,
  "요즘 하시는 일은 잘 되시지요?"

상황별 인사말

구분	예문	요령
신년인사	• 새해 복 많이 받으십시오.	* 밝고 활기찬 모습으로~~
일상인사	• 안녕하십니까? • 좋은 날/아침/저녁입니다.	* 밝고 활기찬 모습으로~~ * 상대방의 상황을 배려하여 다르게~~
병문안 인사	• 빠른 쾌유를 바랍니다.	* 진심 어린 마음과 표정으로 무겁지 않게~
문상인사	• 삼가 조의를 표합니다. • 얼마나 슬프십니까? • 뭐라 드릴 말씀이 없습니다.	* 진심 어린 마음과 표정으로 끝말은 흐리게~~
사과(사죄) 인사	• 진심으로 죄송하게 생각합니다. • 송구합니다(미안합니다). • 심려를 끼쳐서 진심으로 죄송합니다.	* 진심 어린 마음이 전달될 수 있도록 사과 행동을 동반 ~~
감사인사	• 진심으로 감사합니다. • 이 은혜 절대 잊지 않겠습니다.	* 밝은 모습으로 말에 힘을 주어 명쾌하게~~
헤어질 때	• 다시 만날 때까지 건강하십시오. • 안녕히 가십시오.	* 아쉬움과 진심을 담아서 ~~

[6] 품격 있는 인사 만들기

가. 공수(拱手)

공수의 사전적 의미는, '절을 하거나 웃어른을 모실 때, 두 손을 앞으로 포개어 잡는 모습. 또는 그런 자세'이다.

평상시에는,

- 남자는 왼손을 오른손 위에 포개어 놓는다.
- 여자는 오른손을 왼손 위에 포개어 놓는다.
- 흉사(凶事) 시에는 반대로 한다.

나. 인사의 종류

(1) 목례(눈인사)

- 눈인사 정도로 하며 가볍게 상체를 숙여서 예의를 표시한다.
  주로, 실내 공간 또는 하루에 여러 번 만나게 되는 경우에 사용한다.

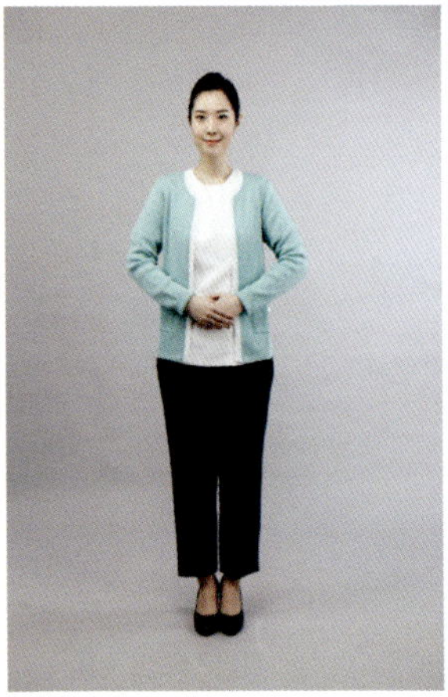

(2) 가벼운 인사(반 목례, 약례) 15도

- 15도 정도 상체를 구부린다.
- 약 2~3m 앞쪽에 시선을 둔다.
- 주로, 직장 내 복도 등에서 상사, 동료, 내방객을 만났을 때 한다.
- 먼저 온 고객을 응대하고 있는 중, 다른 고객이 기다리고 계실 때 잠깐 기다리시면 곧 응대해 드린다는 의미로 가볍게 인사한다.

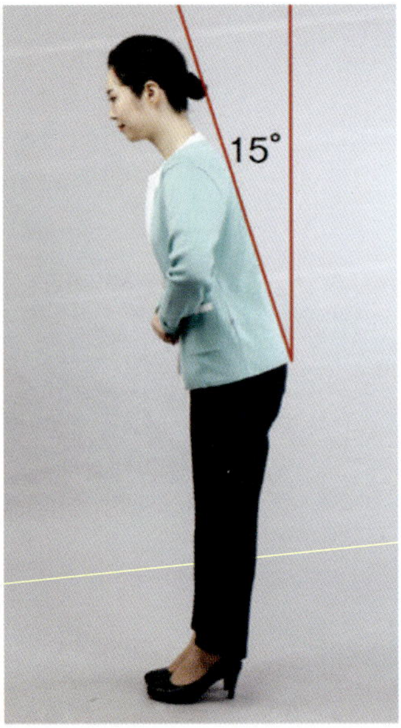

(3) 보통 인사(보통례, 경례) 30도

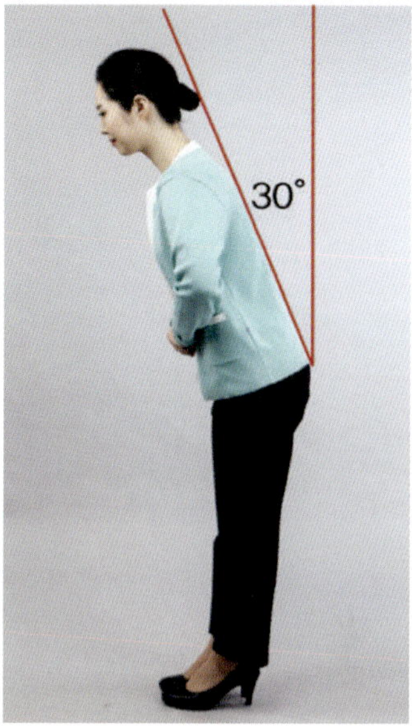

- 30도 정도 상체를 구부린다.
- 약 1m 앞쪽에 시선을 둔다.
- 일상생활 및 대인관계에서 가장 많이 사용되는 인사이다.
- 정중한 인사로서,
  - 고객, 연장자 또는 상사에 대한 정식 인사
  - 각종 행사에서 처음 만나는 사람에게 하는 인사이다.

(4) 정중한 인사(정중례, 최경례) 45도

- 45도 정도 상체를 구부린다.
- 약 1m 앞쪽에 시선을 둔다.
- 특별한 상황에서 사용되는 인사이다.
- 가장 정중한 인사예법으로서,
  - 진심으로 감사함을 표현할 때
  - 진심으로 사과(사죄)를 표현할 때
  - 고객을 맞이하거나 배웅할 때 주로 사용된다.

생각해 봅시다

- '인사의 중요성'에 대하여 토론하라.

생각해 봅시다

- 상황에 따른 '인사 종류'를 제시하고 연습해 보라.

CHAPTER

6

신뢰받는 대화

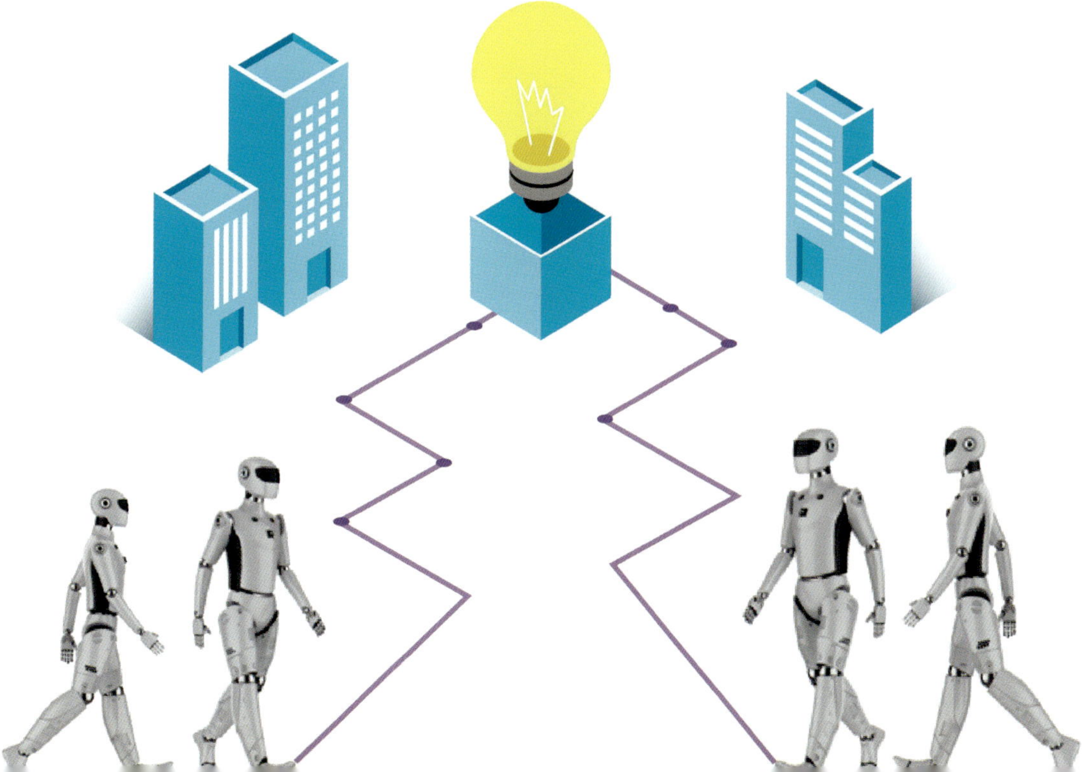

PART 3 서비스 행동

6 Chapter 신뢰받는 대화

[1] 대화 개념

'대화(Conversation)'의 사전적 의미는 '마주 대하여 이야기를 주고 받음' 또는 '그 이야기'다. 이러한 대화는 일방적인 의견 전달이 아니다. 대화를 하는 상대방과 상호작용하는 것이다.

상호작용(interaction)이란 언어적, 비언어적 감정표현을 비롯하여 겉으로 드러나지 않는 요구, 기다림의 행위까지 모두 포함하여 서로 주고받는 정서(emotion)다. 때문에, 상호작용은 대화자 간 서로 느끼는 정서에 영향을 미치는 범위가 굉장히 넓다. 서비스직원의 입장에서 볼 때, 상호작용은 그 범위가 굉장히 넓기 때문에 좋은 상호작용을 하는 가운데 정확한 의미전달을 하는 커뮤니케이션(communication)을 해야 한다.

- 커뮤니케이션(communication)은 대화자들 간에 정확한 의미가 전달되는 과정(Salaberry, 1996, 2014)으로서, 일방적 '의사전달'이 아닌 쌍방 '의견교환'이다.

[2] 대화의 중요성

서비스접점의 대면서비스는 환대기업의 서비스 성공과 실패를 좌우한다. 서비스직원이 자신이 하고자 하는 말을 밝은 표정으로 명쾌하고 정확하게 전달하지 못한다면 고객은 그 기업을 신뢰하지 못할 것이다. 고객의 마음을 사로잡을 수 있는 진정성 있는 대화는 고객으로부터 공감을 이끌어 내고 나아가 감동과 신뢰를 이끌어 낼 수 있다. 고객의 감동과 신뢰는 서비스기업의 자산이 되고 곧 기업의 이익과 직결된다. 이에, 상대방에게 믿음과 감동을 줄 수 있는 '신뢰 받는 대화'야말로 서비스직원이 반드시 가져야 할 중요한 서비스능력이다.

[3] 대화(의사전달) 이론

가. 메라비언 법칙(The law of Mehrabian)

UCLA 앨버트 메라비언(Albert Mehrabian) 교수는 '언어적 요소와 비언어적 요소가 의사전달에 미치는 영향'에서 말하는 사람의 메시지전달 구성요소 세 가지를 밝혔다. 사람 간 의사소통은 첫째, 시각적 요소(55%), 둘째, 청각적 요소(38%), 셋째, 언어적 요소(7%)로 구성되어 있다는 것이다. 이를, 메라비언(7:38:55) 법칙이라고 한다.

메라비언의 연구결과를 보면, '동일 의미의 말이라도 듣는 사람에 따라서 전달되는 의미는 다르게 인식될 수 있다'는 것을 알 수 있다. 따라서 서비스 직원은 고객과 대화할 때, 어떤 표현을 어떻게 사용해야 하는지, 어떤 단어를 사용해야 하는지 고민하고 연구해야 한다. 아울러, 보디

랭귀지를 포함한 외적으로 나타나는 시각적 이미지 관리에도 노력해야 한다.

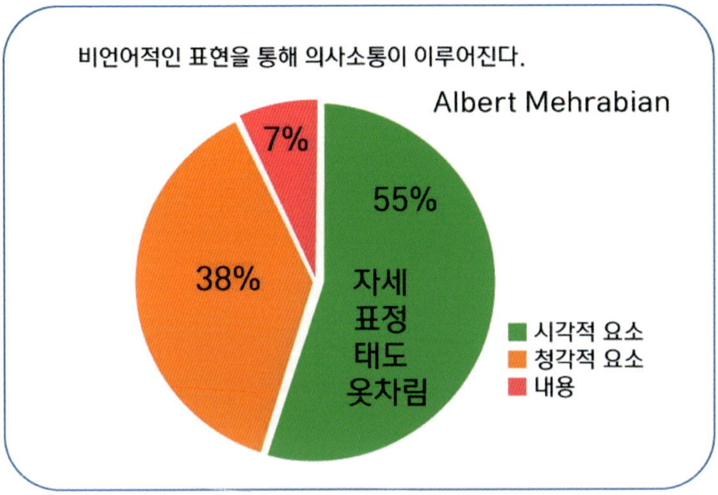

미국 UCLA: Albert Mehrabian(Visual, Vocal, Verbal)
'언어나 비언어적인 요소들이 의사소통에 미치는 영향'

[그림 3-1] 메라비언(Mehrabian) 법칙

'나의 의사소통 능력' 셀프 체크

항목	점수(1점~5점)
나는 대화하는 동안 상대방의 기분을 위해 애쓴다.	
나는 대화하는 동안 상대방이 어떤 느낌인지 알고 있다.	
나는 대화하는 동안 다른 사람의 반응을 주의 깊게 관찰한다.	
나는 대화하는 동안 상대방이 중요한 사람이라고 느낄 수 있도록 애쓴다.	
나는 대화하는 동안 상대방을 이해한다.	
나는 대화하는 동안 상대방이 이야기 하는 것을 경청한다.	
나는 대화할 때, 융통성이 있다는 말을 듣는 편이다.	
상대방은 나를 재치 있는 사람으로 여긴다.	
나는 대화하는 동안 상대방의 요구를 빠르게 알아차린다.	
나는 대화하는 동안 상대방의 독립된 인격체를 존중한다.	

4 언어적 커뮤니케이션

언어는 '행동이나 표정과 함께 진정성 있는 마음을 고객에게 전달할 수 있는 서비스직원의 강력한 무기'다. 다양한 방법의 커뮤니케이션에서 언어는 '가장 쉽게 상대방의 이해를 도모할 수 있는 도구'이다. 아무리 진정성이 있는 행동일지라도 정확하게 의미전달이 되지 않는다면 그 진정성은 전달되기 어렵다. 우리 속담에 '구슬이 서 말이라도 꿰어야 보배'라는 말이 있다. 같은 의미의 말이라도 상황에 따라 표현 방법은 달라야 한다.

가. 긍정적 화법

말을 하는 입 즉, 입구(口) 세 개를 합치면 품격(品格), 품위(品位)와 같은 격이 높은 의미의 품(品)이 된다. 말 속에 인격과 품격을 담고 있다. 언어 표현에서 사용되는 단어나 문장으로 말하는 사람의 인격이나 품격을 가늠할 수 있다. 긍정적 말하기가 습관이 되어 있는 사람은 긍정적 관점, 긍정적 마인드, 긍정적 태도, 긍정적 가치관을 가진 품격 높은 사람일 가능성이 매우 높다.

환대서비스기업과 같이 고객의 기분과 감정이 기업의 서비스평가를 좌우하는 곳에서는 품격 있는 서비스직원이 바로 기업의 마케팅이고 자산이 된다. 서비스직원의 긍정적 화법은 기업의 '고품격 서비스 이미지' 구축에 도움을 주어 기업 경쟁력을 강화시킨다.

예를 들어,

- 서비스 접점에서,
  - "찾으시는 상품(커피, 와인, 티켓 등)은 품절입니다."

    ⇨ "죄송합니다만 찾으시는 상품(커피, 와인, 티켓 등)은 2~3일 뒤에 준비됩니다. 그때 다시 주문하시겠습니까?"

나. 레어드(의뢰형, 청유형, 권유형) 화법

일반적으로 상대방에게 지시나 명령을 들으면 기분이 나쁘고 거부반응을 보이게 된다. 따라서 말을 할 때는 상대방이 부정적 반응을 보이지 않도록 레어드 화법 즉, 의뢰형(청유형, 권유형) 화법을 사용하는 것이 좋다. 심리학자 '레어드'에 의해 제시되어 '레어드 화법'이라고 한다.

- 서비스 접점에서,
  - "고객님! 잠깐 기다려 주세요."
    ⇨ 고객님! 잠깐만 기다려 주시겠습니까?
  - "고객님! 항공티켓과 여권 보여주세요."
    ⇨ 고객님! 항공티켓과 여권 보여주시겠습니까?
  - "고객님! 이쪽으로 오십시오."
    ⇨ 고객님! 이쪽으로 와 주시겠습니까?

반드시 서비스 현장에서뿐만 아니라 일상적인 생활이나 직무에서도 명령형보다는 의뢰형으로 표현하는 것이 훨씬 대인관계를 좋게 할 수 있다.

다. 칭찬 화법

잘못을 하여 비난을 받거나 꾸중을 들어야 하는 부정적인 상황에서도 부정적 피드백이 아닌 칭찬, 인정, 격려와 같은 긍정적 피드백을 준다면 결과는 매우 긍정적으로 나타난다는 이론은 널리 알려져 있다. '칭찬은 고래도 춤추게 한다'는 말이 있듯이 진정성이 느껴지는 적절한 칭찬 한 마디는 상대방의 자존감을 높일 수도 있고 용기를 줄 수도 있고 행복을 줄 수도 있다.

그러나 너무 지나치거나 진정성이 결여된 칭찬은 상대방의 기분을 나쁘게 한다. 또한 과장된 칭찬을 많이 받은 사람은 '타인의 평가를 지나치게 의식'하게 되어 낭패를 보게 된다. 따라서 칭찬을 할 때는 타자가 보더라도 인정할 수 있는 사실에 근거한 진심 어린 칭찬을 해야 한다.

■ 객관적 사실 칭찬
- "피부가 너무 맑고 좋으십니다."
- "머릿결이 너무 좋아보이세요."

■ 소유물 칭찬
- "들고 계신 '백'이 입고 있으신 '옷'과 너무 잘 어울리세요."
- "신으신 '신발'이 요즘 유행하는 '신발'인데 발목에 정말 잘 어울리십니다."

■ 비유 칭찬
- "○○아이돌 그룹 ○○가수와 이미지가 비슷하세요. 그 ○○가수 이미지가 너무 좋거든요."

효과적인 칭찬 방법으로는, 구체적인 칭찬하기, 장점 및 강점 칭찬하기, 즉시 칭찬하기, 과정 및 결과 칭찬하기, 제3자에게 칭찬하여 전달하기, 한 번에 한 가지씩 자주 칭찬하기 등을 활용하면 '칭찬의 가치'는 더욱더 높아진다.

라. 아론슨 화법

대화에서 긍정적인 내용과 부정적인 내용을 동시에 전달해야 하는 경우가 빈번하다. 이런 경우, 대부분 긍정적인 내용부터 먼저 말하는 것이 듣는 사람에게 부담이 적을 것이라고 생각한다. 그러나 반대로 말하는 것이 오히려 더 효과적이라는 화법이 '아론슨 화법'이다. '부정적 내용 먼저 전달! 긍정적 내용 나중에 전달!'

■ 단점 제시 후 장점 극대화 화법

- "이 가방은 비싸기는 하지만 유행에 민감성도 없고 가격 지속력도 좋습니다."

  ⇨ 가격이 비싸다는 단점이 있지만 나중에 중고 재판매해도 현재와 비슷하거나 오히려 더 높은 가격을 받을 수 있다는 긍정 메시지를 전달하여 장점을 극대화시키는 화법이다.

마. 쿠션 화법

대화를 부드럽게 만들어주는 화법으로서, 쿠션(cushion)과 같이 완충작용을 해주는 말의 표현을 사용하는 것이다. 예를 들어, 요청, 부탁, 거절을 해야 하는 경우, 상대방이 충분히 존중받고 있다는 느낌을 가질 수 있는 화법이다. 특히, 환대서비스 기업과 같은 '고객대면 응대서비스'에서 유용하게 활용된다.

- "원하시는 객실(상품)이 없습니다."

  ⇨ 죄송합니다만, 원하시는 객실(상품)이 없습니다.
- "여기에 서명해 주시겠습니까?"

  ⇨ 실례하지만, 여기에 서명해 주시겠습니까?

바. Yes, But 화법

상대방과 의견이 다를 경우, 상대방 의견에 먼저 동의한 후 자신의 의견을 표현하는 화법이다. "Yes"로 먼저 동의의 의사전달을 함으로써 상대방과 정서적 유대감을 형성한 뒤에 "But" 그러나, 그렇지만 '내 생각은 다르다'는 것을 제시하는 방법이다. 이 방법은 자신이 상대방의 의견을 무시하거나 반대하는 것이 아니라 다르다는 것을 전달함으로써 합의점 도출이 용이하다.

사. '나' 전달 화법(I-message)

I-message는 토머스 고든(Thomas Gordon)이 '부모효율성 이론(P. E. T; Parent Effectiveness Training)'에서 제시한 화법이다. 자녀의 행동이 부모에게 문제가 될 때 부모는 자신이 느끼는 감정과 경험을 표현하면서 자신을 더 잘 이해하게 된다. 이는 자녀에게 부모를 더 잘 알릴 수 있는 계기가 되어 자녀와 부모 간 관계 회복 및 긍정적 결과도출을 돕는다는 이론이다.

이를 서비스현장에 적용해 보면, 고객과의 관계에서 어려움이 있을 경우에 '고객님! 당신이 문제입니다'가 아니라 고객의 어떤 행동으로 인하여 서비스직원인 '내'가 곤경에 처해있다는 메시지를 전달하는 것이다.

- You - message
  "약속 일자에 안 오셔서 퇴근도 못 하고 기다렸습니다."

- I-message
  "약속 일자에 안 오셔서(행동) 무슨 안 좋은 일이라도 있으셨는지 (영향) 걱정 많이 했습니다(감정). 혹시 다음에 이런 일이 있을 때는 번거로우시겠지만, 꼭 연락 주시면 감사하겠습니다."

'나 전달법(I-message)'의 의사표현은 고객의 방어심리를 감소시킬 수 있고 나아가 고객 스스로 자신의 실수나 잘못을 인정하게 할 수 있다.

아. 맞장구 화법

대화에서 상대방을 이해하고 있다는 신호로 공감(empathy)이 있다. 진심 어린 공감의 표현으로 "많이 언짢으셨지요.", "얼마나 화나셨겠어요. 저라면 정말 참기 어려웠을 겁니다.", "정말 기쁘시겠어요.", "듣고 있는 저도 이렇게 좋은데 얼마나 좋으시겠어요." 등의 맞장구치는 말은 상대의 마음의 문을 여는 열쇠가 된다. 직원과 고객 간 서비스접점에서 고객의 기분과 감정이 서비스평가와 직결되므로, 서비스직원은 고객감동을 줄 수 있는 맞장구 화법을 적절하게 사용해야 한다.

자. 표준 억양 사용 화법

대화는 말하는 사람의 일방적 의사전달이 아니다. 말하는 사람과 듣는 사람의 상호 좋은 커뮤니케이션을 전제로 한다. 말을 하는 사람의 의도가 정확하게 전달되기 위해서는 먼저 말을 하는 사람이 말을 명확하게 해야 한다. 듣는 사람 입장에서 명쾌하게 들려야 한다. 분명하게 잘 들리게 하는 방법으로,

- 정확한 발음
  와 왜 위 워 웨 ~~~
  카 캬 켜 쿠 큐 키 캐 코 쿄~~~
- 장 · 단음 구분하기
  '말', '배', '밤', '새집', '눈' ~~~
- 정확하게 띄워 말하기
  이 새끼손가락 참 예쁘군요. ☞ 이 새끼 손가락 참 예쁘군요

- 강세 넣기
- 말의 속도 조절하기
- 유머 활용 말하기

대화에서 유머는 상대를 즐겁게 하고 긴장감을 해소시키는 청량제와 같다.

Point 정확한 발음으로 낭독 실습

*** 말 잘하기의 모든 훈련의 첫 단계는 '낭독'**

1. 우렁차고 씩씩한 목소리
2. '표준 억양' 지키기
3. 읽지 말고 말하기
4. 내가 아닌 남이 듣도록 하기
5. 낭독은 글에 생명력을 불어 넣는 일

[5] 비언어적 커뮤니케이션

개벗과 호그(Gabbott & Hogg, 2003)는 고객은 대면서비스 만남에서의 '비언어적 상호작용(non-verbal interaction)'에서 느끼고 판단하는 결과로 서비스 평가를 한다고 했다. 비언어적 상호작용에는 정확한 언어적 전달력도 중요하지만 이에 못지않게 중요한 것은 보여지는 '비언어적 커뮤니케이션'이다(Mehrabian). '비언어적 커뮤니케이션'은 언어가 아닌 모든 자극과 반응을 통한 감정소통으로 정의되고 있다(Gabbott & Hogg, 2003; 이지은, 2018).

서비스직원이 사과를 하는 경우, 눈동자를 허공에 두고 건성건성 "진심으로 죄송합니다. 다시는 이런 일이 없도록 하겠습니다."라고 한다면 고객은 신뢰하지 않을 것이다. 다양한 언어를 다양한 방법으로 표현하더라도 '미소 짓는 밝은 표정', 고객을 존중하고 있음을 나타내는 '정중한 표정과 자세' 그리고, '청결하고 단아한 복장'은 항상 준비되어 있어야 한다. 나아가 '비언어적 커뮤니케이션'에서 원활한 소통 방법으로 상대방과의 일정한 거리 및 공간을 유지하는 것은 매우 중요하다. 특히, 문화적 배경이 다른 불특정 다수의 많은 사람들과의 만남에서 '공간적 거리(proxemics distance)'를 유지하는 것은 상호 유쾌한 관계 형성에 도움이 된다. 문화인류학자 에드워드 홀(Hdward T. Hall) 박사는 '근접학 이론(프로세믹스; proxemics)'으로 사람 사이의 거리나 공간유지 방법을 제시했다.

가. 친밀한 거리(Intimate Distance)

친밀한 거리는 0~45cm(1.5피트 이하)까지의 거리로서 아주 '밀접한 거리'다. 상대방의 숨결을 느낄 수 있으며, 촉감이 청각보다 우선 된다. 주로 가족이나 연인, 애완동물, 아기를 안고 있는 엄마와 아기 사이처럼 정서적으로 무척 가까운 친밀한 유대관계를 전제로 한다. 밀접한 거리는 긍정적 의미의 사랑, 애정, 보호의 거리임과 동시에 상대에게 위협이 되는 거리이기도 하다. '격투'와 같은 공격적인 스포츠는 친밀거리 이내에 있다.

나. 개인적 거리(Personal Distance)

개인적 거리는 46~122cm(1.5~4피트)까지의 거리로서 팔을 뻗으면 닿을 수 있는 거리다. 어느 정도의 친밀감을 전제로 하여 대화가 주요 커뮤니케이션 수단이 된다. 친구, 친지, 지인과 함께 일상생활 속에서 대화하기에 적당한 거리다. 공적인 공간과 사적인 공간의 경계점으로 보고 대화 상대에 따른 거리유지 판단을 하면 된다.

다. 사회적 거리(Social Distance)

사회적 거리는 122~366cm(4~12피트)까지의 거리로서 공식적(사무적) 업무관계에 적당한 거리이며, 보통 목소리로 대화가 무난하다. 공적인 영역의 거리이므로 형식이나 격식을 차리는 것이 좋다.

라. 공적인 거리(Public Distance)

공적인 거리는 366~762cm(12~25피트)의 거리이며, 상대방에게 직접적 위협을 느끼지 않는 거리다. 큰 소리로 말하거나 마이크를 사용해야 하는 정도의 거리다. 주로, 1:1의 대화가 아닌 1:다수의 대화가 이루어진다. 대규모 연설, 강연, 프레젠테이션 등에 적절한 거리다.

[6] 성공을 부르는 대화 기법

가. 감정 표현하기

- 상황에 어울리는 인사말 하기(인사말)
- 대화를 통한 세세한 감정 표현하기(감정표현)
- 타인과의 관계유지와 발전, 공감 및 배려하는 소통 능력 키우기(대화)

나. 감정 이해하기

- 대화에서 상대방의 감정 이해하기(감정이해)
- 상대의 몸짓, 표정, 기분 등 주의 깊게 살핀다.
  대화 중간중간 공감 표현하기(공감적 듣기)
  대화 중, 상대의 상황 이해하기(배려)
- 상대의 시간, 컨디션 등 세심하게 배려한다.

다. 공감과 반응하기

- 상대의 감정을 살펴가며 공감 표현을 많이 한다(공감하기).
- 적극적인 공감적 경청하기(공감하며 경청하기)
- 적절한 타이밍에 말하기(배려하며 말하기)

라. 대화예절 지키기

- 상황과 상대에 맞는 언어 선택하기(대화의 원리 이해하고 실천하기)
- 높임법, 격식에 맞는 표현, 상대의 체면유지, 공손하게 하기, 진정성 있게, 정중한 자세로, 밝은 모습, 웃는 표정으로

성공적 대화 기법

대화요인	대화항목	대화 학습 요소
감정 표현하기	* 상황에 어울리는 인사말 하기 * 대화를 통한 세세한 감정 표현하기 * 타인과의 관계유지와 발전, 공감 및 배려하는 소통 능력 키우기	* 인사말 * 감정표현 * 대화
감정 이해하기	* 대화에서 상대방의 감정 이해하기 (상대의 몸짓, 표정, 기분 등 주의 깊게 살핀다) * 대화 중간중간 공감 표현하기 * 대화 중, 상대의 상황 이해하기 (상대의 시간, 컨디션 등 세심하게 배려한다)	* 감정이해 * 공감적 듣기 * 배려
공감과 반응하기	* 상대의 감정을 살펴가며 공감 표현을 많이 한다 * 적극적인 공감적 경청하기 * 적절한 타이밍에 말하기	* 공감하기 * 공감하며 경청하기 * 배려하며 말하기
대화예절 지키기	* 상황과 상대에 맞는 언어 선택하기 * 높임법, 격식에 맞는 표현, 상대의 체면유지, 공손하게 하기, 진정성 있게, 정중한 자세로, 밝은 모습, 웃는 표정으로	* 대화의 원리 이해하고 실천하기

(손희연, 2017. 저자 재구성)

'나를 키우는 말'

이해인

행복하다고 말하는 동안은
나도 정말 행복한 사람이 되어
마음에 맑은 샘이 흐르고

고맙다고 말하는 동안은
고마운 마음 새로이 솟아올라
내 마음도 더욱 순해지고

아름답다고 말하는 동안은
나도 잠시 아름다운 사람이 되어
마음 한 자락 환해지고

좋은 말이 나를 키우는 걸
나는 말하면서 다시 알지

생각해 봅시다

- 대화의 '성공 경험'과 '실패 경험'을 토론하라.

CHAPTER

7

신뢰받는 전환

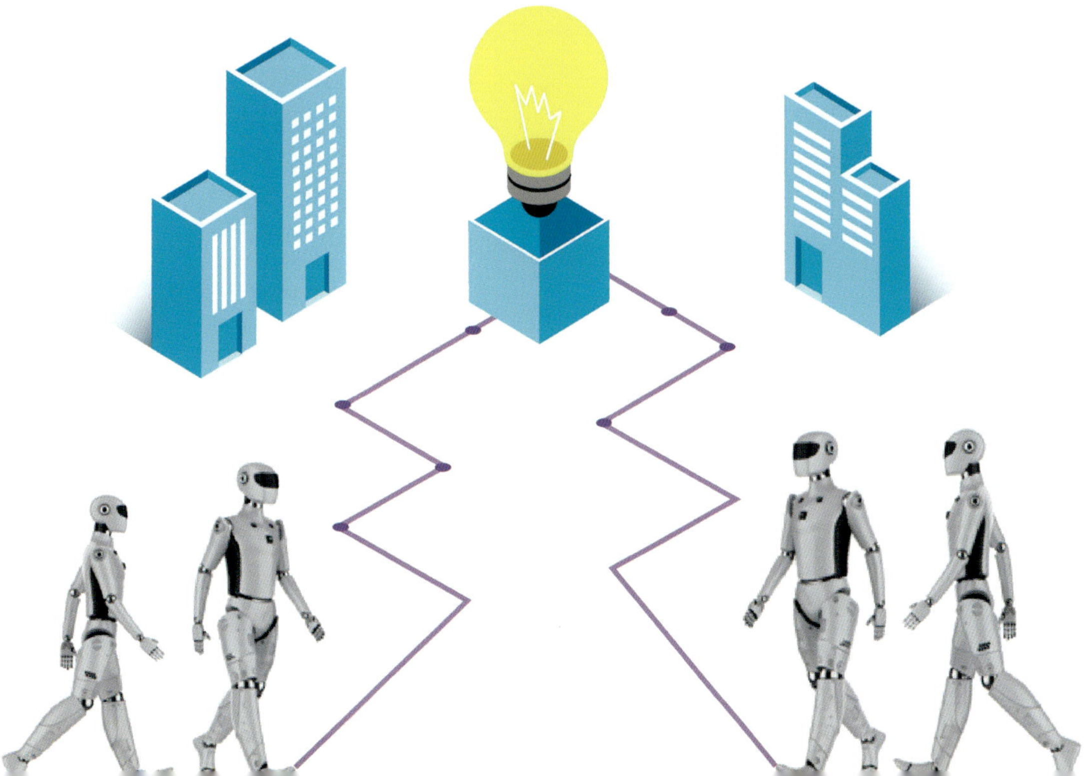

PART 3 서비스 행동

Chapter 1 첫인상과 이미지

1. 첫인상과 이미지 개념
2. 첫인상의 중요성
3. 첫인상 이론

Chapter 2 신뢰받는 미소와 표정

1. 호감 가는 표정
2. 표정의 중요성
3. 표정의 긍정적 효과
4. 호감 가는 표정 만들기

Chapter 3 신뢰받는 용모

1. 용모의 개념
2. 용모의 중요성
3. 용모 기본 점검

Chapter 4 신뢰받는 복장

1. 복장 개념
2. 복장 중요성
3. 복장 기본 점검

Chapter 5 신뢰받는 인사

1. 인사의 개념
2. 인사의 중요성
3. 인사할 때의 요령
4. 인사의 잘못된 표현
5. 기분 좋은 인사말
6. 품격 있는 인사 만들기

Chapter 6 신뢰받는 대화

1. 대화 개념
2. 대화의 중요성
3. 대화(의사전달) 이론
4. 언어적 커뮤니케이션
5. 비언어적 커뮤니케이션
6. 성공을 부르는 대화 기법

Chapter 7 신뢰받는 전화

1. 전화응대의 중요성
2. 전화응대의 특성
3. 전화응대의 기본 원칙
4. 감동 전화응대 기법
5. 전화응대 주의사항

7 Chapter

신뢰받는 전화

[1] 전화응대의 중요성

전화응대는 고객과의 첫 서비스접점이다. 보이지 않는 상태에서 음성만으로 정중함과 친절함 그리고 반가움 등을 전달해야 하는 중요한 '커뮤니케이션 수단'이다. 유쾌한 전화응대와 무성의한 전화응대의 결과로,

- 유쾌한 전화응대는 고객과 지속적인 관계유지에 도움을 줄 뿐만 아니라 자사(自社)의 서비스 및 상품에 대한 긍정적인 이미지를 심어준다.
- 무성의한 전화응대는 고객에게 불쾌한 감정을 주어 거래 중단 및 회사의 이미지에 부정적인 영향을 미친다. 이는 곧 서비스기업의 성과저하로 나타날 가능성이 매우 높다.

따라서 전화응대 시에는 '회사를 대표한다'는 마음으로 진심을 다하여야 한다.

[출처: 2010.7.4 유현경]

[2] 전화응대의 특성

전화응대의 특징으로는 크게 첫째, 음성만으로 하는 고객응대이다. 둘째, 경비가 발생된다. 셋째, 통화자 간 서로 상황 파악이 어렵다.

가. 음성만으로 하는 고객응대

고객감동 서비스 실천 중, 전화응대는 고객과의 '면대면 응대'가 아니기 때문에 더욱 더 세심한 주의를 기울여야 한다. 얼굴을 볼 수 없지만 고객과의 첫 대면서비스이므로 전화통화에서 '첫인상이 어떻게 형성되는가?'에 따라서 기업에 대한 고객의 서비스 평가는 좋아질 수도 있고 나빠질 수도 있다.

고객을 위해 진심을 다하고 있다는 느낌이 고객에게 전달될 수 있어야 하는 것이다. 만남을 통한 서비스는 목소리뿐 아니라 시각적으로 보여지는 태도나 미소 등으로 친절과 존중을 표현할 수 있다. 그러나 전화서비스는 기계음을 통한 목소리만의 응대이므로, 고객들에게 성의가 없다든지, 반가움의 표현이 부족하다든지 하는 등의 오해를 받기 쉽다. 모습이 보이지 않는다는 이유로, 바르지 못한 자세로 통화를 하게 되면 고객은 무서운 직감력으로 수화기 속의 목소리에서 전화 받는 태도를 바로 알아차린다.

따라서 분명하고 정확한 언어구사와 정감 넘치는 따뜻한 목소리로 최대한 자연스럽고 정중한 느낌이 전달될 수 있도록 해야 한다.

나. 경비(Cost)의 발생

기업의 입장에서 볼 때, 전화는 항상 고객을 위한 전화통화가 우선 되어야 한다. 개인이 사적인 전화를 오래 할 경우, 급한 용무가 있거나 비즈니스 관계로 급하게 통화해야 하는 고객은 불만을 가지게 된다. 보이지 않는 상태에서 기다리는 시간은 보이는 상태보다 훨씬 길게 느껴진다. 따라서 고객의 불만은 더욱 더 커지게 되고 결과적으로 회사에 큰 손해를 끼치게 된다. 멀어진 고객의 마음을 회복시키기 위해서는 많은 경비가 든다.

또한 전화는 '분 · 초 단위로 비용이 발생'된다. 전화통화 시작부터 수화기를 내려놓은 그 순간까지 비용은 계속적으로 발생된다. 따라서 전화를 걸거나 받을 때 사전 준비를 철저히 해야 할 필요성이 있다. 간단명료한 의사전달 기술 및 성의 있는 짧은 인사말 등은 평소에 준비해 두는 것이 좋다.

다. 직원과 고객 간 상황파악의 어려움

고객과 서로 다른 공간에서 대화한다는 특성으로 인하여, 상대방의 상황을 파악하기가 어렵다. 따라서,

- 전화가 길어질 경우, 통화 도중에 간단하게라도 상대방의 상황을 물어보고 양해를 구해야 한다.
  - "통화하시기 괜찮으신지요?"
  - "통화가 길어질 수 있습니다만 어떠십니까?"
  - "통화 중 불편한 점은 없으신지요?"

  등의 표현을 할 필요가 있다.
- 보이지 않는다는 단점으로 인한 불필요한 오해를 불러일으킬 소지를 만들지 말아야 한다.

예를 들어, 통화 도중 다른 사람과 대화는 절대로 안 된다. '면대면 응대' 시에는 고객응대 중이라도 잠깐 양해를 구하고 늦게 온 고객에게 눈인사라도 간단히 표현할 수 있지만 전화는 그렇지 못하다. 고객은 '청각적 정보'로만 서비스를 평가하기 때문에 수화기로 들려오는 작은 변화에도 민감하게 반응하게 된다. 따라서 '1:1응대의 원칙'을 반드시 지켜야 한다.

3 전화응대의 기본 원칙

미첼과 코르(Mitchell & Corr)는 "전화를 사용하는 법은 모두가 알지만 그것을 잘 이용하는 자는 매우 소수다"라고 주장하였다. 즉, 전화는 현대인에게 일상생활화 되어 있지만 전화매너를 고려하여 통화하는 사람은 소수에 불과하다는 것이다. 전화를 거는 사람이나 전화를 받는 사람 모두 유쾌한 통화가 되기 위해서는 전화응대의 기본규범을 지키는 것이 필요하다. 전화응대의 기본원칙을 다음과 같이 정리하였다.

가. 신속한(Speed) 전화응대

- 신호음 1~2회 즉, 3회 울리기 전에 신속하게 받는다.
- 부득이하게 늦게 받았을 경우, 반드시 사과의 메시지를 먼저 전달한다.
  "늦게 받아 죄송합니다."
- 고객의 문의사항에 간단명료하게 답변한다.
- 전화를 연결시켜야 할 때는 끊어질 경우를 대비하여 직통 전화번호 및 양해멘트를 준비한다.
  "잠시만 기다려주십시오. 담당자 연결해드리겠습니다. 담당자는 ○○○이며 혹시 끊어지면 직통번호는 ○○○-○○○○입니다."
- 고객을 기다리게 하지 않는다. 부득이하게 기다리게 하는 경우 반드시 먼저 양해를 구한다.

나. 정확한(Correctness) 전화응대

- 전화내용의 요점을 메모, 정리하여 재확인한다(정확한 요구사항 파악).
- 2회 이상 같은 내용을 반복해서 되묻지 않는다.

- 표준어를 사용한다(전문용어, 비어, 속어, 줄임말 등 사용 금지).
- 고객의 문의사항에 직원 자신이 대답하기 어려운 경우,
  "잠시만 기다려주시겠습니까?"
  "바로 확인해보고 말씀드리겠습니다." 등 적극적인 태도를 보인다.
- 문의사항을 잘 모를 때, 바로 확인이 안 될 경우에는 향후 전화드릴 것을 약속한다.
- 발음은 분명하고 확실하게 한다.
- 중저음의 음성은 피한다.

다. 친절한(Kindness) 전화응대

- 통화할 때 상냥한 미소를 지어라(미소 띤 모습의 목소리는 그대로 전달됨).
- 고객의 문의사항에 성심성의껏 답변한다.
  즉각적인 해결방법이 아니더라도 고객의 문의사항에 적극적으로 응대하는 직원의 태도에 고객은 감동 받는다.
- 고객의 말에 적극적인 공감표시를 하여 고객이 좋은 기분을 가질 수 있도록 도와준다.
  "네~ 그러셨습니까?", "네~ 충분히 이해합니다."
- 요구사항이 많더라도 하나라도 빠뜨리지 말고 모두 답변한다.
- 처음부터 마지막까지 '밝은 음성' 유지한다.

라. 예의(Etiquette) 바른 전화응대

- 고객의 말을 중간에 끊거나 가로막지 않는다.
- 너무 큰 목소리로 웃거나 말하여 고객의 기분을 상하게 하지 않는다.
- 고객보다 먼저 수화기를 내려놓지 않는다.
- 자신의 소속과 이름을 정중하게 밝힌다.
- 막무가내로 화를 내는 고객의 말도 침착한 태도로 끝까지 경청한다.

고객을 짜증나게 하는 전화

- 1위 무성의한 답변과 고객의 질문을 귀찮아 할 때
- 2위 경어 사용을 안 했을 때
- 3위 고객보다 먼저 끊을 때
- 4위 오래 기다리게 했을 때
- 5위 말이 빠를 때
- 6위 불친절할 때
- 7위 인사말을 안 할 때

출처: 대한생명보험 교육자료 中

[4] 감동 전화응대 기법

고객감동의 친절하고 상냥한 전화응대는 훈련을 통하여 이루어질 수 있다. 특히, 환대서비스 기업에서 고객과 직원의 좋은 상호작용은 고객의 서비스 평가에 절대적인 영향을 미친다. 따라서 정확한 발음과 상냥한 미소로 밝은 목소리를 이끌어낼 수 있도록 반복하여 연습하는 것이 필요하다. 전화응대는 '마음을 담은 기술'이라고 볼 수 있기 때문이다. 성우처럼 완벽한 목소리를 구사할 수 없더라도 성우와 같은 목소리도 말한다는 느낌으로 음성, 발음, 악센트, 억양 등에 대한 지속적인 연습을 하다 보면 단점을 장점으로 전환할 수 있을 것이다. 고객감동 전화서비스 기술을 향상시키기 위한 방법을 다음과 같이 제시하였다.

가. 녹음 후 반복 교정

전화통화의 실제상황을 녹음한다. 처음부터 실제 통화내용을 녹음하기가 부담스럽다면 가상의 상황을 녹음하는 것도 한 방법이다.

- 한국생산성본부 주관 2019 국가고객만족도(NCSI) 등의 '서비스 품질지수' 평가점수가 높은 환대관광기업(호텔, 항공, 여행, 면세, 카지노, 테마파크 등)의 대표전화 멘트를 녹음 한 후 자신만의 방법으로 반복 녹음하면서 교정한다.
  - "정성을 다하겠습니다. ○○○호텔입니다."
  - "안녕하십니까? 행복한 여행의 시작! ○○면세점입니다."
  - "여행의 대표브랜드 ○○투어 상담센터입니다."
  - "안녕하십니까? 축제의 나라! ○○○리조트입니다."
  - "Good evening, the Shilla. How may I help you?"
  - "This is Jessica from the Four Seasons hotel, Seoul."

나. 다양한 목소리 톤으로 연습

같은 톤의 목소리일지라도 고객의 기분에 따라서 그 느낌은 대단히 다르게 전달될 수 있다.

- 고음의 밝은 목소리로 전화멘트를 했을 때, 고객의 기분이 좋은 상태라면 최적일 수 있겠지만 고객의 기분이 좋지 않은 상황이라면, 아주 좋지 못한 결과를 초래할 수도 있다. 목소리 톤이 정숙하지 못하고 가볍고, 진실성이 결여되어 있다는 판단을 하기가 쉽다. 따라서 목소리 톤은 미, 파, 솔 중에서 상황에 맞는 톤을 구사할 수 있도록 노력해야 한다. 아래의 멘트를 '목소리 톤'과 '악센트'를 조절하여 반복연습 한다.
  - "정성을 다하겠습니다. ○○○호텔입니다."
  - "안녕하십니까? 행복한 여행의 시작! ○○면세점입니다."
  - "여행의 대표브랜드 ○○투어 상담센터입니다."
  - "안녕하십니까? 축제의 나라! ○○○리조트입니다."
  - "Good evening, the Shilla. How may I help you?"
  - "This is Jessica from the Four Seasons hotel, Seoul."

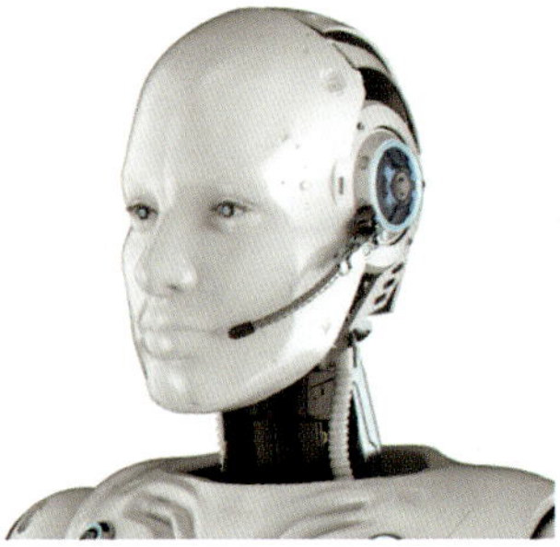

다. 전화응대 상황별 연습

고객에게 전화를 걸 때의 상황과 전화를 받았을 때의 다양한 상황들에 대한 전화 멘트를 만들어보라.

- 발신전화인 경우
  - 통화하고자 하는 상대방이 부재중인 경우
  - 방문하고자 하는 의사를 전달하는 경우
  - 상대가 전화를 늦게 받는 경우
  - 여러 대의 전화를 한꺼번에 받는 경우 등으로 볼 수 있다.

- 수신전화인 경우
  - 잘못 걸려온 전화를 받았을 경우
  - 전갈[11)]을 부탁받게 되는 경우
  - 회사의 업무에 대한 문의 전화인 경우
  - 의사전달이 명확하게 되지 않는 전화인 경우
  - 전화를 연결하다가 끊어지게 되는 경우 등 다양한 상황이 발생될 수 있다.

이러한 각각의 상황들에 대한 응대 시나리오를 작성하여 언제 어떤 상황에서도 자연스럽게 대처할 수 있는 능력을 길러야 한다. 물론, AI(인공지능) 시대에 일부 서비스기업에서는 기계음으로 '전화 첫 인사'를 사용하고 있다. 하지만, 이런 경우는 대부분 기업의 대표전화이다. 대표전화로 전화를 걸 경우에, 첫 인사의 기계음에 이어서 바로 서비스직원의 인사말이 나온다. 반복되는 동일 인사말을 기계로 대신함으로써 서비스직원의 소진을 방지하는 긍정적인 효과가 있다.

11) 사람을 시켜 말을 전하거나 안부를 물음. 또는 전하는 말이나 안부.

라. 타인의 피드백 적극적 수용

전화통화의 가상 및 실제 상황의 녹취록을 지인들에게 공개하고 장점과 단점에 대한 냉정한 평가를 받는다. 평가 결과는 겸허하게 받아들여야 한다.

- 장점은 더욱더 부각시켜 고품격의 자연스러운 응대로 긍정적인 이미지를 구축시킨다.
- 단점은 몇 번이고 반복하여 수정과 보완을 거쳐 고객에게 칭찬받을 수 있을 때까지 노력한다.

퉁명스럽고 부자연스러운 표현 및 억양부분을 정확하게 판단하여 부드럽고 자연스럽게 의사전달을 할 수 있도록 해야 한다. 또한 '발신'과 '수신' 시에 발생될 수 있는 다양한 상황에 대한 시나리오를 만들어서 타인이 긍정적으로 느껴진다고 답변한 목록에 대해서는 모두 외우는 것이 좋다. 언제 어디서 어떤 고객과 통화하더라도 상대방은 존중받고 있다는 만족감을 느낄 수 있을 것이다. 처음부터 완벽한 사람은 드물다. 이에 최선을 다한 노력의 결과는 고객과 서비스직원 모두에게 만족을 줄 것이다.

[5] 전화응대 주의사항

가. 전화 걸 때 매너

- 메모 준비를 마친 후 전화 건다.
- 통화 연결 시, 통화 할 사람이 아니면 정중히 인사한 후 소속과 이름을 밝힌다.
- 용건만 간단히 말한다.
- 내용을 간략하게 전달하고 메모(이름, 연락처 등)를 부탁한다. 이때, 메모를 부탁하기 전에 전화 받은 상대방의 상황을 고려하여 부탁한다.
- 상대방이 통화하기 곤란할 경우에는 신속히 전화를 끊는다.

나. 전화 받을 때 매너

- 벨이 울리면 신속히 받는다.
- 밝은 목소리로 인사말을 한다.
- 전화 받기 전에 메모준비를 해 둔다.
- 전화를 건 사람이 찾는 사람이 부재중일 때는 친절하게 설명한다.
  - "○○○씨가 잠깐 외출중입니다. 메모 남겨 드릴까요?"
  - "○○○씨는 오늘 휴무입니다. 내일 다시 연락 주시겠습니까?"
  - "개인정보 보호로 인하여 개인휴대폰 번호는 알려드리기 어렵습니다. 이 점 양해 부탁드립니다. 연락처 알려주시면 메모 전달해 드리겠습니다."
- 다른 사람에게 메모를 전달해야 하는 경우, 전화 건 사람의 이름, 전화번호, 전화 걸어 온 시간, 간략내용 등을 메모하여 전달한다.
- 상대방이 먼저 전화 끊은 뒤 확인하고 끊는다.

스마일 온 더 라인(Smile on the Line) 운동

힐튼 호텔의 전화예절을 위한 '스마일 온 더 라인' 운동은 유명하다.

'미소 짓는 바른 자세로 전화통화를 하자'라는 의미이다. 전화에도 표정이 있다. 즉, '미소 짓는 표정과 바른 자세로 전화할 때 말도 상냥하고 예쁘게 나온다'는 것이다.

실제로 호텔에서는 전 직원에게 손거울을 선물하기도 했다. 또한 전화예절의 중요성을 고취시키고 "Smile on the Line"의 지속적인 전개를 위하여 직원 상호 간 전화모니터링을 통한 부서별 평가를 한 후 이를 토대로 전 직원의 전화예절 교육 자료로 활용한 바 있다.

"Smile on the Line"의 평가항목

1. 메모지와 필기도구를 항상 준비해 둔다.
2. 전화는 왼손으로 받고 오른손으로 메모한다.
3. 벨이 세 번 울리기 전에 받는다.
4. "미소 띤 음성"으로 인사말, 소속, 이름 순으로 첫인사를 한다.
5. 첫인사 때 목소리의 높이는 '솔'음을 유지한다.
6. 통화 중이어서 고객을 기다리게 할 경우는 반드시 사과의 말을 한다.
7. 다른 번호로 돌릴 경우에는 다음과 같이 설명한 뒤 연결한다.
   "혹시 연결 도중 끊어지면 000-0000번으로 전화해 주시기 바랍니다. 감사합니다."
8. 전화를 끝낼 때는 반드시 "감사합니다"라고 인사한다.
9. 고객이 먼저 끊은 것을 확인한 뒤 수화기를 내려놓는다.
10. 고객에게 자신의 전화번호를 안내할 경우 꼭 직통 전화번호를 알려준다.

출처: www.hilton.co.kr

생각해 봅시다

- 전화응대의 중요성 및 특성에 대하여 논의하라.

- 전화응대의 기본원칙에 대하여 논의하라.

PART 4

AI(인공지능) 활용 서비스 사례 소개

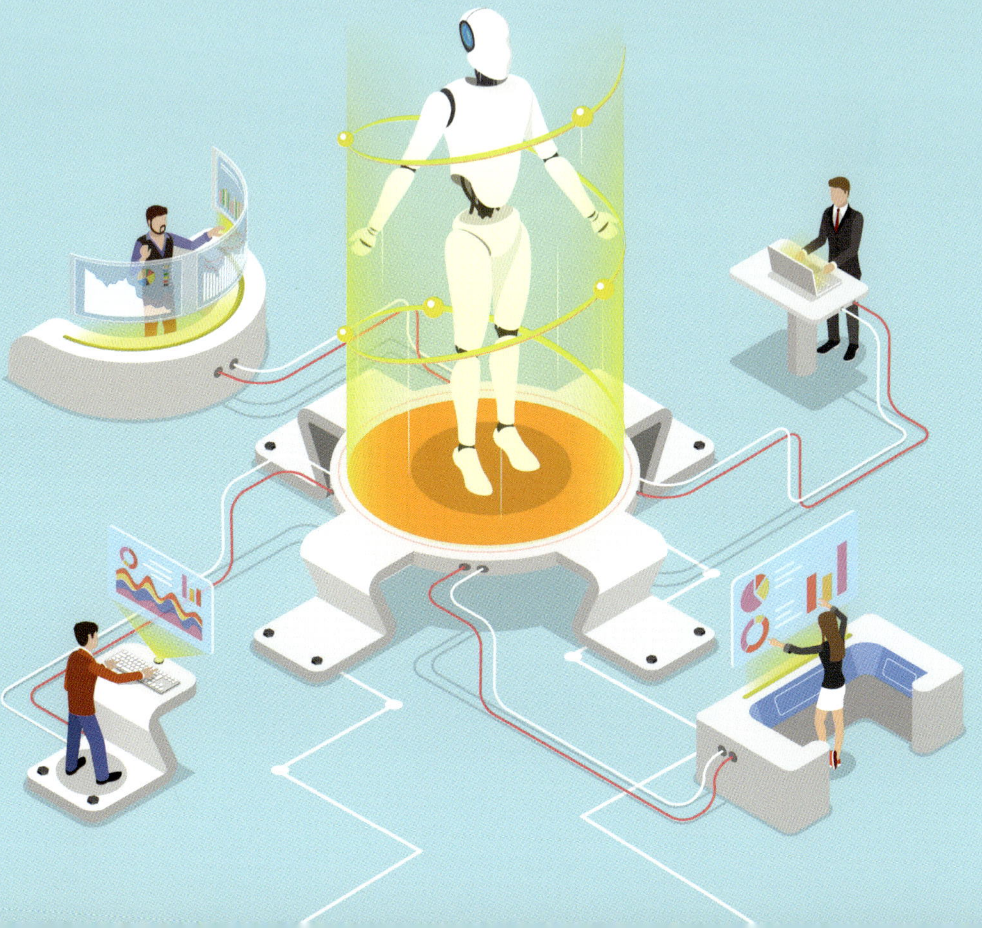

PART 1 AI(인공지능)시대 서비스의 이해

Chapter 1 서비스 개념
Chapter 2 서비스의 특성
Chapter 3 서비스 구분

PART 2 고객의 이해

Chapter 1 고객의 개념
Chapter 2 고객의 중요성
Chapter 3 고객만족
Chapter 4 고객감동 서비스

PART 3 서비스 행동

Chapter 1 첫인상과 이미지
Chapter 2 신뢰받는 미소와 표정
Chapter 3 신뢰받는 용모
Chapter 4 신뢰받는 복장
Chapter 5 신뢰받는 인사
Chapter 6 신뢰받는 대화
Chapter 7 신뢰받는 전화

PART 4 AI(인공지능) 활용 서비스 사례 소개

AI(인공지능) 활용 서비스 사례 소개

PART 4

AI(인공지능) 활용 서비스 사례 소개

관광환대 기업에서는 서비스 시장에서의 경쟁적 우위를 선점하기 위하여 서비스 제공자에게 서비스규범을 제시하고 실천을 요구한다. 고객과의 대면접촉 중에는 밝은 표정, 공손함, 상쾌한 목소리와 같은 긍정적 감정을 나타내야 하며, 슬픈 표정, 화난 표정, 비속어 사용 등 부정적 감정은 숨기거나 억제해야 한다. 서비스 제공자와 고객이 상호작용하는 동안 고객의 기분을 좋게 하기 위해서는 서비스 제공자가 지켜져야 할 필수요건이다. 이와 같은 규정은 환대서비스 기업 입장에서 볼 때, 좋은 서비스평가를 받기 위한 경영전략이지만 서비스 제공자의 입장에서는 감정적 고갈, 피로증가, 스트레스 상태에 이르게 되는 주요 요인이 된다.

한편, AI(인공지능) 시대에 다수의 환대서비스 기업에서는 서비스 제공자의 신체적, 정서적 소진을 유발시키는 단순 반복적인 서비스는 AI(인공지능)를 활용하고 있다. 지치거나 피로해지기 쉬운 서비스업의 특성을 고려해 볼 때, AI(인공지능)의 활용은 '환대서비스 기업의 서비스경쟁력을 높이기 위한 전략적 선택'이다.

다음은 환대서비스기업의 AI(인공지능) 활용 서비스 사례다.

4차 산업혁명, LG전자의 '호텔 실외 배송 AI 로봇' 솔루션 제공!!

서울 강서구 소재 메이필드 호텔은 '실외배송 AI 로봇 서비스'를 시작했다. 여름 이벤트 '서머앳더테라스(Summer At the Terrace)' 기간에 로봇이 호텔 건물 안과 밖을 오가며 음식 서빙을 한다.

현재까지 안내로봇, LG 클로이 서브봇(LG CLOi ServeBot) 등 주로 실내에서 주행하는 자율주행 로봇서비스가 있었는데, 실외배송 서비스는 이번 메이필드 호텔의 '실외 음식 서빙'이 처음이다. 또한 메이필드 호텔은 하반기 중, 호텔 뷔페에서 '생맥주를 따르는 로봇 서비스'를 시작할 계획이다. 직원이 시스템에 주문내역을 입력하면, 로봇은 주문된 맥주 종류를 파악하여 컵을 잡고 디스펜서로 옮긴 뒤, 맥주가 담긴 컵을 서빙 테이블에 내려놓으면 고객은 편하게 마신다. 이와 같이, 호텔 · 관광기업의 접객 서비스 중, 단순/반복되는 노동집약 업무는 로봇서비스로 대체될 가능성이 매우 높을 것으로 예상된다.

한편, LG전자는 로봇과 AI사업에 적극적으로 투자하며, 통합적 로봇 서비스 영역을 확대할 계획이다. 예를 들어, 'LG AI 마스터 양성 과정'은 100명의 AI전문가를 육성하는 프로젝트로서, AI 로봇사업의 성공확률을 높이고 있다.

LG전자는 실외 배송 서비스, 호텔 식음료 서비스, 컨시어지 서비스 등 호텔서비스의 적용 영역을 확대하고 있고 이는 고객의 새로운 경험과 가치 상승을 담보할 것이다.

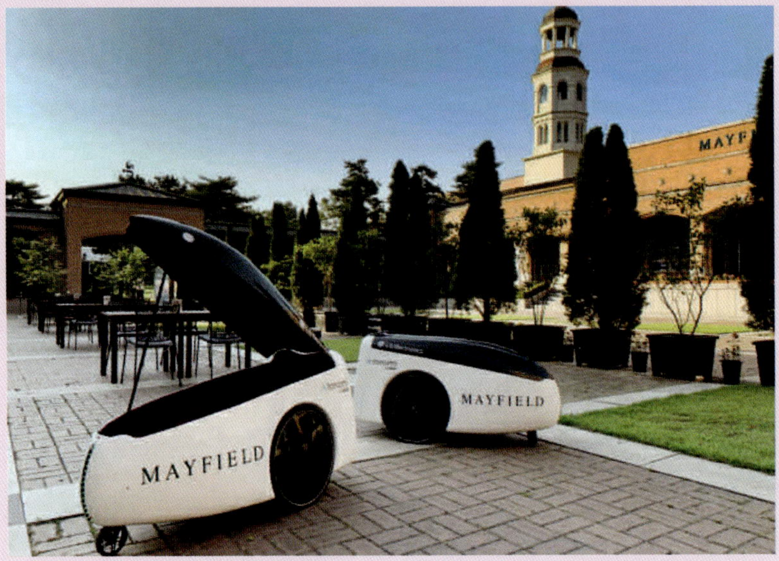

출처: 서울 메이필드호텔의 실외배송로봇- seo1@fnnews.com 사진=LG전자, 저자 재구성

4차 산업 혁명 기반! AI(인공지능) 호텔!

4차 산업혁명, AI(인공지능), 관광분야에 중요한 역할!!!

일본 호텔의 경우, 일손 부족문제 해결, 업무 효율성 증대를 위하여 'AI(인공지능) 공룡 로봇'을 도입하였다.

- 프런트 업무 담당, 고객 맞이 인사를 한다.
- 공룡로봇 안내 음성에 따라서 스크린 터치로 체크인/아웃을 한다(다국적 언어가 내장되어 있음).
- 수족관의 물을 주는 로봇, 쓰레기통 청소하는 로봇 등 테마파크와 같은 분위기로 고객만족을 줌
- 객실, 컨시어지 AI(인공지능) 로봇 '타피아; Tapia'는 고객을 반갑게 맞이하고 자동 음성으로 플레이가 돼 음성인식으로 고객과 대화하며, 인사, 시간, 날씨, 알람, 음악 등 메뉴를 제공함

호텔 고객들에게 호기심과 재미를 주고 있지만, 고객의 입장에서 아직까지는 사람에게 받는 서비스보다는 불편한 점이 많이 있는 것으로 분석되고 있다. 그러나 4차 산업혁명의 급속한 발전은 이러한 불편함을 해소할 수 있을 것으로 사료된다.

특급호텔의 '고품격 서비스' 제공에는 AI(인공지능) 서비스가 다소 무리일 수 있지만 가성비가 높은 비즈니스호텔의 경우는, 인건비 절감, 가동률 상승, 고객들의 호기심 자극을 이용한 '새로운 경험' 측면의 마케팅 수단으로 활용 등으로 '수익창출의 극대화'를 견인할 수 있는 좋은 대안이 될 것이다.

출처: 저자 재구성 (https://m.blog.naver.com/hoteltrend/221531481856)

로봇 바리스타 !! 스마트 로봇카페 브랜드!! '스토랑트'

대표적 음료 서비스 사업체인 '카페'에서 사람 대신 AI 로봇이 서비스를 제공한다. 무인 자동화 로봇 카페 '스토랑트'는 주문부터 서빙까지 무인 자동화 시스템으로 24시간 운영되는데, 음료 서빙프로세스를 살펴보면 다음과 같다.

첫째, 키오스크나 앱을 이용하여 주문 및 결제를 마친다.
둘째, 스마트 바리스타 시스템이 음료를 제조한다.
셋째, 서빙 로봇 '토랑'이가 제조된 음료를 전달 받아서 고객이 앉아 있는 테이블까지 직접 운반한다.

스마트 바리스타 시스템은 커피나 밀크티 등 약 50여 가지의 음료 제조가 가능하며, 시간은 평균 1분 30초 ~ 2분 정도 소요된다. 동일한 방법과 레시피로 제조된 커피는 항상 같은 맛과 정량으로 제조된다.

서빙경로는 시스템에 설정되어 있는 경로로만 이동하며 장애물과 마주칠 때는 즉각 회피 또는 정지하므로 위험의 불확실성이 낮다. 또한 충전이 필요할 경우에는, 도킹 시스템으로 이동하여 스스로 충전한다.

AI(인공지능) 여행 앱 '마이버킷리스트' 돌풍을 일으킴

수수료 없는 AI(인공지능) 여행 앱 '마이버킷리스트' 출시 1개월 만에 50만 다운로드 폭발적 반응! 인기 급상승!!

- 수수료 없이 숙박 결제 금액의 15%를 현금으로 돌려주는 혁신적 운영
- 숙박, 액티비티, 면세, 렌터카, 보험, 환전 등 여행에 필요한 폭넓은 혜택으로 가성비 최고
- 세계 1위의 숙박 예약 플랫폼 부킹닷컴과 공식 제휴 맺음
- 전 세계 2,900만 숙박 옵션을 최저가에 제공

AI(인공지능) 여행 플랫폼의 특징

- AI(인공지능)가 수집한 전 세계 1만 7천 개 도시의 여행 정보를 제공
- 시차, 비행시간, 언어, 전압 등 간단한 여행정보부터 도시의 대표 명소 및 현지에서의 버킷리스트 추천, 거기에 실시간으로 업데이트 되는 여행자들의 생생한 SNS 후기까지 포털급 여행 정보를 '앱' 하나로 간편하게 습득 가능함
- 전 세계 1억 가지 이상의 여행 취향을 통해 미처 몰랐던 내 취향의 여행을 발견할 수 있도록 AI가 사람들의 반응을 수집해서 구어체 형태로 모아놓은 검색 기능인 '마이셀럽스'의 'AI 키 토크(Key Talk: 핵심이 되는 이야기)' 서비스 제공

  예 '별이 쏟아지는', '햇살 즐기기 좋은'과 같은 자연현상부터 '말로 표현할 수 없는', '예스러움이 묻어나는'처럼 여행지에 대한 분위기와 감상까지도 'AI 키 토크'로 검색할 수 있어서 여행 준비 과정에서의 색다른 설렘을 경험할 수 있음
- 국내 최대의 신세계 면세점 제휴캐시까지 더해지면서 파격적인 혜택의 조합을 실현하고 있음. 카카오페이지 메인 화면 우측 하단에 'AI 키 토크' 메뉴를 클릭하면 사용 가능함

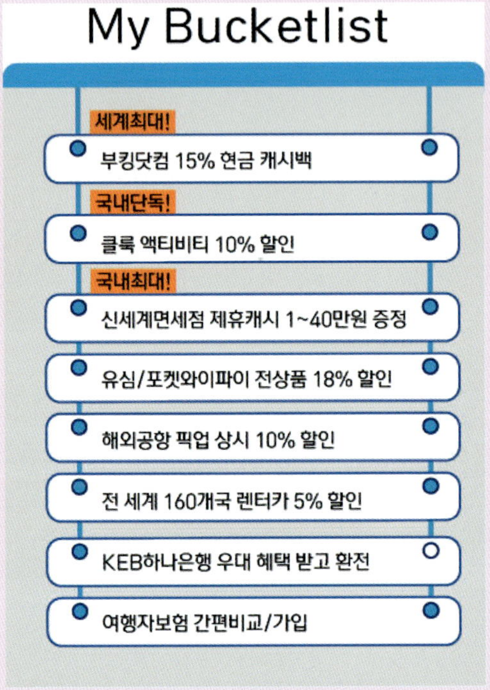

출처: 저자 재구성(isplus.joins.com)

https://news.naver.com/main/read.nhn?mode=LSD&mid=sec&sid1=001&oid=241&aid=0002996413

신세계면세점, 취향! AI(인공지능)음성 검색 서비스 오픈(한국어)

나는 쇼핑도 말로 한다!

1. 신세계 면세점은 2018년 면세 업계 최초로 'AI(인공지능) 음성 취향 검색 서비스'를 실시하였다. 2019년 5월부터 한국어 서비스로 확대 지원하고 '취향 음성 인식 쇼핑 서비스 강화'에 나섰다.
   - 쇼핑 안내 한국어 서비스 제공으로 내국인 쇼핑 편의 극대화
   - 세이-픽(SAY-PICK) 서비스 실시(모바일 애플리케이션 통해 이용 가능)
   - 한국어로 말(SAY)하면 고객의 취향을 파악해서 상품을 선택(PICK)해 준다.
   - 고객들의 '뷰티놀이터'로 자리매김하였다.
   - AI 음성 취향 검색 이용 고객에게 오픈 이벤트 실시(80달러 이상 구입 시 1만원 증정)

2. 신세계면세점 공식 유튜브 채널 '하나보노' 이용하여 세이픽 리뷰 영상을 시청하고 퀴즈 정답이 맞으면 적립금 5천원을 추가 증정

3. 'AI(인공지능) 음성 검색 서비스'를 통한 쇼핑은 전 세계적으로 급격히 성장하고 있음. 'AI(인공지능) 검색 기술'의 발달로 고객들에게 더욱 더 편리한 쇼핑환경 제공 가능성 높아짐

4. 신세계 면세점은 'AI(인공지능) 음성 검색 서비스'의 데이터베이스를 토대로, 고객의 트렌드를 분석하여 고객만족경영 전략을 수립한다고 밝힘

출처: 저자 재구성(news@getnews.co.kr)

마카오 카지노에선, AI(인공지능)로 '큰돈 잃을 고객' 집중 관리!

안면인식 등 동원해 성향 분석·빅데이터 축적!

1. 몰래카메라, 안면인식 기술, 무선정보 인식장치(RFID) 기술이 적용된 게임용 칩과 테이블 등을 고객 성향 분석에 활용함
   - 마카오의 카지노 라스베이거스 샌즈와 엠지엠(MGM) 리조트 인터내셔널은 이러한 기술이 적용된 게임 테이블 수백 개를 배치했고 샌즈는 추가로 1천 개 이상의 테이블을 배치할 계획임
   - 윈(Wynn) 마카오, 갤럭시 엔터테인먼트, 멜코 리조트 & 엔터테인먼트 등 마카오의 대형카지노 업체들도 기술 배치를 검토

2. 감시 카메라 설치 및 RFID 칩을 사용하는 것은 흔한 일이지만 이는 대부분 보안이나 부정행위를 감시하기 위한 목적이었다. 그러나 지금은 이러한 기술을 이용해 고객의 특징을 수집하여 DB를 구축한다(카지노에서 보내는 시간, 베팅 규모, 위험 성향, 승률, 남은 칩, 과거 부정직한 행위, 순자산 등).

3. 배팅액이 큰 '거물급' 고객이 입장하면 숨겨진 카메라의 '안면인식기술'로 고객을 확인하고 카지노의 베테랑 직원이 바로 그 고객을 응대하는 서비스를 제공한다.
   - '잃을 여유가 있는 사람들', '돈을 잃었을 때 게임을 더 공격적으로 하는 사람들'에게 카지노는 무료 음식 제공 등의 보다 적극적인 서비스를 제공한다.

AI(인공지능) 로봇!! 외식산업의 패러다임 전환의 주역이 되다

키오스크(kiosk)를 넘어서 AI(인공지능) 로봇의 서비스 무인식당까지~~

- 많은 기업에서 이미 보편화되어 있는 키오스크(kiosk) 사용과 같은 자동화는 이제 AI(인공지능) 로봇으로 진화하고 있음.
- 특히, 근래 외식기업에서는 AI(인공지능) 로봇이 음식을 배달하고, 접시를 닦고, 햄버거를 만들며, 물건을 전달하는 서비스가 시작되었다. 이에 서비스직원이 없는 무인식당도 등장하였음.
- 다수의 기업에서 AI(인공지능) 로봇을 개발하였거나 개발예정에 있음.

1. 신생 로봇 기업의 디시크래프트(Dishcraft)는 '접시 닦는 로봇' 개발

- AI(인공지능)기반 로봇 시스템은 음식물은 별도로 모아서 배출, 쌓인 접시는 차례대로 닦아서 정리·건조한다. 이미 닦은 접시라도 잔여물 발견 시에는 처음부터 다시 닦아서 정리·건조함으로써 기존의 식기세척기에서 한 단계 진화된 자동화 시스템이다.

2. 크리에이터(Creator)는 '햄버거 만드는 로봇' 개발

- AI(인공지능) 로봇 개발 회사 크리에이터(Creator)와 같은 이름을 가진 크리에이터(Creator) 식당에서는 로봇이 만든 햄버거를 판매하고 있다.
- 고객이 햄버거 재료를 선택해주면 로봇이 신속하게 햄버거를 만들어준다. 사람이 만들 때보다 가격이 저렴하고 실제로 맛도 별 차이가 없어서 고객들의 만족도는 아주 높다.

3. 베어 로보틱스(Bear Robotics)는 AI기반 웨이터 서빙 로봇 '페니(Penny)' 개발

- 식당에서 웨이터 대신, 서빙 서비스를 하는 AI(인공지능) 로봇 '페니(Penny)'는 비좁은 곳에서도 손님 테이블까지 장애물을 스스로 피해 다니면서 정확하고 빠르게 서빙을 한다.

- 간단조리법의 음식이나 서빙 등 단순한 업무는 로봇이 제공하는 서비스가 효율적일 수도 있다. 그리고 향후, 고객의 취향이나 특징, 특이사항을 BD로 구축하여 고객의 감정을 가볍게라도 인지할 수 있는 고객맞춤형 서비스를 제공할 AI(인공지능) 로봇의 개발도 예측 가능하다. 그러나 고객의 니즈를 정확하고 구체적으로 파악해서 개별 서비스를 해야 하는 식당 업무는 사람에 의한 서비스 제공이 훨씬 더 고객만족에 높게 기여할 것이다. 로봇 제공 서비스의 강점과 사람 제공 서비스의 강점을 적절하게 믹스하여 협업한다면 업무 효율성은 높아진다.

- 사업주 입장에서 볼 때, AI(인공지능) 로봇의 도입은 채용 및 교육비용의 감소, 인건비 절감, 업무 미숙으로 인한 생산성 저하 방지, 성·비수기 식당 운영의 인력 운영 유연성 강화 등 높은 경영성과를 가질 수 있다.

출처: 저자 재구성 (https://blog.lgcns.com/2044

공항, 항공 산업의 AI(인공지능) 혁명!

AI(인공지능) 공장 산업현장!!
"한국항공우주산업(KAI) 공장의 항공기 부품 생산의 자동화"

1. AI(인공지능)가 공작기계들에 작업을 공평하게 분배한다.

- '무인운반차(RGV)'는 자재창고와 절삭기 사이를 오가며 원자재와 완성된 항공기 부품(윙립)을 옮긴다.
- 2대의 절삭기가 동시에 쉬고 있는데 'AI(인공지능), 무인운반차(RGV)'는 굳이 멀리 있는 기계에 원자재를 전달한다. 동시에 놀고 있는 절삭기 발생 시, AI 소프트웨어는 그날 일을 덜한 쪽에 원자재를 가져다준다. 왜냐하면, 조금 더 먼 곳에 떨어져 있어도 일을 덜한 쪽에 업무를 맡기는 게 공장 전체 효율에 도움이 된다고 판단하기 때문이다.

2. AI(인공지능), '무인운반차(RGV)'의 강점

- 높은 사고 발생 가능성으로부터 직원들의 안전성 담보
(비행기 부속품 제작과정에서 위험한 금속 덩어리를 옮기고 깎는 과정에서 사고 발생 가능성이 높은데, 이 위험한 일은 AI(인공지능) '무인운반차(RGV)'가 한다)
- 인력감소 및 경비 절감의 효과로 기업 이익 극대화

3. 감정 배제한 효율성 중심 판단으로 높은 성과 달성

- 사람의 경우,
  - 귀찮거나 신경 쓰기 싫어서 편안한 사람에게만 집중적으로 많은 일을 시킬 수 있음.
  - 자신의 감정에 따라서 평소에 사이가 좋지 않거나 싫어하는 특정인에게 일을 집중적으로 시킬 수도 있음.

- AI(인공지능)의 경우,
  - AI는 감정을 배제하고 효율성으로만 판단하도록 설계 및 입력되어 있기 때문에 작업장 내의 모든 기계들에게 골고루 일을 시킨다.
  - AI는 쉬고 있는 로봇을 콕 잡아내서 일을 수시 배분한다.

출처: 저자 재구성

스마트 공항! AI(인공지능) 얼굴인식 기반 공항 서비스!

AI(인공지능) 공항 자동 출입국 시스템

1. 국내 AI 얼굴인식 '스타트업 알체라(Alchera)'는 2019년 7월 인천공항과 협력해 공항 자동 출입국 관리 시스템에 자사의 얼굴인식 솔루션을 공급한 바 있음
   - AI(인공지능) 얼굴인식 스타트업 알체라(Alchera)는 출·입국 인구가 많은 공항에서 대기·병목 현상을 최소화하며, 신속한 출입국 처리를 함으로써 승객서비스에 활용되고 있다.

2. 국제공항들은 생체인식 기술, 사물인터넷 등 제4차 산업혁명 신기술 접목 및 VR 기기 등을 이용해 종합 콘텐츠 시설을 활용하고 있다. 또한 로봇을 이용한 수화물 시스템을 이용하고 있다.

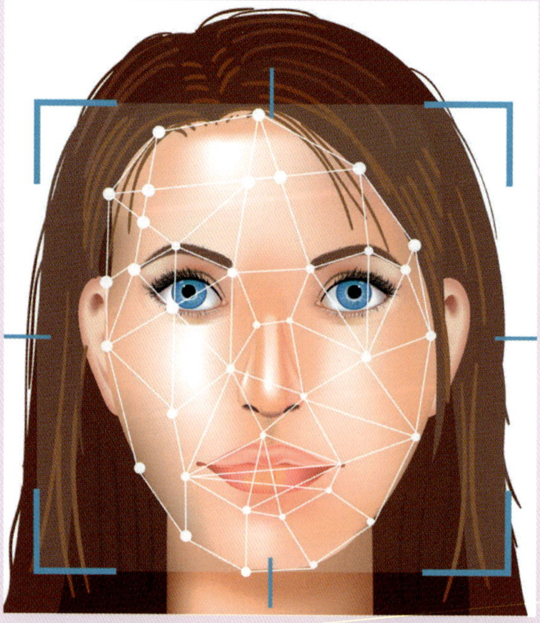

출처: 저자 재구성

집안 모든 기기에 AI(인공지능) 장착

소비자 가전 전시회(CES; Consumer Electronics Show) 주최 측 '전미소비자기술협회(CTA)' 발표 '기술 트렌드 2020' 보고서!

1. 사물인터넷에 인공지능이 부착된 '사물지능'시대 개막

- 도어록에 안면인식 인공지능 기술이 적용되어 비밀번호 없이 문 열 수 있음
- 구글, 아마존, 애플 등은 음성인식 AI(인공지능)가 '스마트 홈' 등 다양한 영역으로 급속한 발전
- 맥도날드: 음성인식으로 주문 받는 드라이브스루(Drive-Thru) 설계

2. 기업용 솔루션, 의료, 농업 등에 5G 활동 시작됨

- 과일이나 식품 등 농장에 강수량 체크, 물량 조절, 비료, 병충 방지를 드론이 알아서 공급해주는 솔루션 상용화

3. 소비자 속으로 'AI; 인공지능'이 들어옴(Consumerization of AI)

- AI(인공지능)가 8K TV 속으로 들어가서 사람들의 시청 패턴을 분석하고 보다 편리한 시청 환경을 제공

4. 스트리밍 전쟁(Streaming Wars)이 시작됨

- 10분 이내의 짧은 동영상을 모바일에서 보기 편하도록 스트리밍 서비스 제공

5. 향후 10년은 전기차의 시대(Electric Decade)

- 배터리, 모터, 충전 기술이 발전으로 전기차 문제점 감소. 차량 간 통신(V2X), 이동수단 간 연결 등으로 전기차가 장점 많음

6. '디지털 헬스케어'는 라이프스타일이 됨

- 수면테크 및 베이비케어
- P&G의 신제품 '루미팸퍼스' - 기저귀에 센서를 달고 침대에 모니터 설치하여 아이의 각종 상태를 점검하는 디지털 솔루션
- 포맘스(4Moms)라는 미국 스타트업은 부모 인체와 똑같은 형태의 로봇을 만들어 아이들을 흔들어 재우는 '디지털 요람' 제작

7. '나와 교감하는 로봇'과 '나의 일을 대신해주는 로봇' 등장

- 단순하게 빵을 굽고 커피를 만드는 로봇과 건강상태를 체크하고 운동량이나 약을 추천해 주는 로봇 등장

출처: 저자 재구성

AI(인공지능) '왓슨(Watson)' 암수술 성공!! 가천대 길병원

세계최초 의료용 수술 로봇! - AI(인공지능) '왓슨(Watson)'

우리나라 가천대 길병원 암센터는 IBM의 AI(인공지능) '왓슨(Watson)'을 도입하여 암수술에 성공했다. 도입 후 '왓슨(Watson)'에 의한 암 수술은 성공률과 함께 환자 만족도가 90%를 넘어서는 등 긍정적인 결과를 나타냈다고 했다(인천 가천대 길병원).
그러나, 병원의 특성상, 의료진과 환자 사이에 매우 중요한 워크플로우(workflow)에서 '왓슨(Watson)'은 사람보다 상호작용측면에서 비용대비 효율성이 떨어진다는 평가다. 왓슨(Watson)의 진단 및 수술의 정확도 확보와 신뢰성 구축을 위해서는 더 많은 데이터 축적 및 학습으로 기능을 향상시켜야 한다는 것이 숙제로 남아 있다.

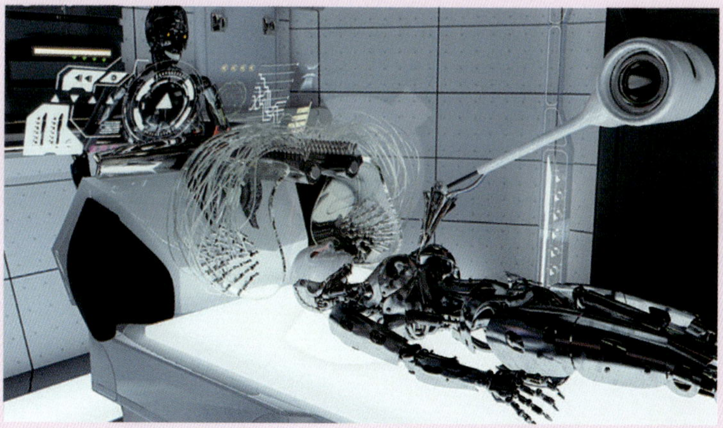

출처: 저자 재구성

생각해 봅시다

- 사람과 AI(인공지능)의 '상호 보완적 서비스 전략 방안'에 대하여 토론하라.

참고문헌

〈국내문헌〉

권재원(2019), 비인간적인 노동은 인공지능에 그리고 서비스 혁명, 우리교육, 16-41.

김규찬 외(2017), 4차 산업혁명과 문화.관광 산업 정책 방향, 한국문화관광연구원, 기초연구(2017-01).

남기찬 외(2008), 서비스사이언스: 이론적 고찰과 분석 프레임워크 개발, 한국경영정보학회, Information Systems Review, Vol.10, No.1.

서창적 외 2인(2019), SST(Self-Service Technology)의 서비스품질 및 지각된 가치가 고객 인게이지먼트에 미치는 영향: 스타 벅스 사이렌 오더를 중심으로, 서비스경영학회지, 20(5) 2019. 12. DOI: 10.15706/jksms.2019.20.5.004 69.

손해경 외(2005), 인천국제공항 면세서비스직원의 인식된 감정표현규범과 정서적 조직몰입 간 관계 연구, 관광연구, 30(5), 561~582.

손희연(2017), 국어과 대화 교육 내용 구성의 '사회적 기술' 개념 적용 방안 연구[한말연구] 제43호.

신명순 · 김명주(2011), 항공사 여승무원의 외형과 인상형성, 서비스 품질 지각 간의 인과관계 분석. 관광연구, 25(6).

이청림 · 라선아(2015), 공항 서비스품질 및 고객만족 모형의 개발-인천국제공항 출 · 입국고객의 MOT분석을 통한 접근, 한국항공경영학회지, 13(5), 95~118.

김은정 · 문시정(2019), 올댓매너, 백산출판사.

미래 서비스 아카데미(2006), 서비스매너, 새로미.

박혜정(2017), 고객서비스실무, 백산출판사.

서여주(2019), NCS기반 고객응대실무, 백산출판사.
손대현(2000), 서비스는 이런 것이다: 기분 좋은 사회 서비스의 연출, 백산출판사.
심윤정 · 심재연(2013), 고객서비스실무, 한올.
오정주 · 권인아(2019), 비즈니스 매너와 글로벌 에티켓, 한올.
오흥철 외(2010), 글로벌 매너 완전정복, 학현사.
이유재(2015), 서비스마케팅 제5판, 학현사.
이준재 · 허윤중(2012), 고객감동 서비스 & 매너연출, 대왕사.
이지은(2018), 서비스경영론, 백산출판사.
조영신 · 김선희 · 이석호(2011), 서비스매너, 한국방송통신대학교 출판부.
최병학(2007), New 방송화술, 아침기획.
한규석(2009년), 사회심리학(3판), 학지사.

〈국외문헌〉

구보야마 데쓰오, 황소연 역(2005), 서비스 철학, 넥서스BIZ.
이와모토 시게키, 배성인 역(2016), 나를 위한 사회학, 정한책방.
하야시다 마사미쓰, 김정환 역(2009), No라고 말하지 않는 서비스, 미래의 창.
후지노 다카리노, 김은혜 역(2017), 2020년 인공지능시대 우리들이 행복하게 일하는 방법, 아이스토리.
Aggregated results of 2003-2007 National Customer Rage Surveys conducted by Customer Care Alliance.
Allison, T., Puce, A., &McCarthy, G.(2000), Social perception from visual cues: role of the STS region, Trends in Cognitive Sciences, 4, 267-268.
A.M.A(American Marketing Association), (1963), Committee on Definitions, A Glossary of Marketing Terms, Chicago.
Asch, S. E.(1946), Forming impressions of personality, The Journal of Abnormal and Social Psychology, 41(3), 258~290.

A. Toffler, The Third Wave, 홍갑순 · 심정순 역(1988), 제3의 물결, 아문예.

Bayram, N., Serpil Aytac. & Salih, Dursun, (2012), Emotional Labor and Burnout at Work: A Study from Turkey. Procedia-Social and Behavioral Sciences, Bitner, M., Brown, S., & Meuter, M. (2000), Technology Infusion in Service Encounters. Journal of the Academy of Marketing Science, 28(1): 138-149, 65(3): 300-305.

Frank Levy. (2010), How College Changes Demands for Human Skills, OECD Working Paper, March 2010, http://www.docd.org/edu/skills-beyond-school/45052661

Gabbott, M & Hogg, G. (2003), An empirical investigation of the impact of non-verbal communication on service evaluation, European Journal of Marketing, 17(1) 5-26.

Hochschild, A. R(1983), The Managed Heart, (Berkeley : University of California Press, p.7.

Hochschild, A. R(1979), Emotion Work, Feeling Rules, and Social Structure, American Journal of Sociology, 85, p.551.

Information provided by TARP(Technical Assistance Research Program)World wied Inc.

Joseph Michelli, 이미숙 역(2010), 리츠칼튼, 꿈의서비스, 비전과 리더십.

Kotler, P., Armstrong, G., Saunders, J., & Wong, V. (2003), Principi di Marketing (ItalianTranslation of Principles of Marketing), ISEDE and Prentice Hall Internationa.

Levitt, T. (1972), Production-line approach to service, Harvard Business Review, Sept/October.

Meuter, M. L., Ostrom, A. L., Roundtree, R. I. and Bitner, M. J.(2000), Self-Service Technologies: Understanding Customer Satisfaction with Technology-Based Service Encounters, Journal of Marketing, 64(3), 50-64.

Mitchell Mary & Corr, John. (2000), The Complete Idiot's Guide to Etiquette. Second Edition, Indianapolis Alpha Books.

Norbert Wiener(1950), 이희은 · 김재영 역(2011), The Human Use of Human Beings, 인간의 인간적 활용, 텍스트출판.

Oliver, R. L.(1993), Cognitive, affective, andattribute bases of the satisfaction response, Journal of consumer research, 20(3), 418-430.

Parasuraman., A., Zeithaml. V.A and Berry. L.L.(1985), A Conceptual Model of Service Quality and its Implication for Future Research (SERVQUAL), Journal of Marketing, Vol.49(Fall).

Salaberry, M. Rafael.(2014), A Theoretical Foundation for the Development of Pedagogical Tasks in Computer Mediated Communication, Issued Date: 7 Aug 2014; CALICO JOURNAL, VOL 14, NO 1 (1996).

SERVICES MARKETING 4TH edition(2006), V.A. Zeithaml, M.J. Bitner, D.D. Gremler

Smith, E. R., & Mackie, D. M.(2000), Social cognition is the encoding, storage, retrieval, and processing, of information in the brain, REDIRECT Social Cognition, Social psychology, Psychology press, 2, 20-36.

Sohn, H.K., Timothy J. Lee., & Yoon, Y.S.(2016), Emotional Labor and Burnout: Comparison Between the Countries of Japan and Korea, Journal of Travel & Tourism Marketing, 33:5 597-612.

Thomas H. Davenport & Julia Kirby, 강미경 역(2017), AI시대, 인간과 일, 김영사.

Valarie A. Zeithaml, Mary Jo Bitner, Dwayne D.Gremler (2013), 전인수 · 배일현 역, SEARVICE MARKETING, 청람.

Vargo, S. L., and Lusch, R. F.(2008a), Service-dominant logic: Continuing the Evolution, Journal of the Academy of Marketing Science, Vol.36, No.1.

Zeithaml, Valarie A., Parasuraman, A., & Leonard L. Berry. (1985), Problems and strategies in services marketing, Journal of Marketing, 49: 33-46.

〈홈페이지〉

https://m.news.naver.com/read.nhn?mode=LSD&sid1=001&oid=009&aid=0004495606

https://m.blog.naver.com/hoteltrend/221531481856

http://cm.getnews.co.kr/view.php?ud=DE13183418986041d0c69529_16#_enliple

https://news.naver.com/main/read.nhn?mode=LSD&mid=sec&sid1=001&oid=241&aid=0002996413

https://ko.wikipedia.org/wiki/%ED%9B%84%EA%B4%91_%ED%9A%A8%EA%B3%BC

https://www.yna.co.kr/view/AKR20190627128300009?input=kkt

https://m.blog.naver.com/syeong1021/221010429161

https://rchessay.tistory.com/entry/%EB%A7%A4%EB%84%88%EA%B0%80-%EA%B2%BD%EC%9F%81%EB%A0%A5%EC%9D%B4%EB%8B%A4

https://news.naver.com/main/read.nhn?mode=LSD&mid=sec&oid=009&aid=0003933764&sid1=001

http://www.epnc.co.kr/news/articleView.html?idxno=93991

https://blog.naver.com/boy881129?Redirect=Log&logNo=140069684056

https://www.kmac.co.kr/certify/cert_sys03.asp

http://blog.naver.com/PostView.nhnhttp://blog.naver.com/PostView.nhn?blogId=atm7878&logNo=221568589663?blogId=atm7878&logNo=221568589663

https://m.blog.naver.com/PostView.nhn?blogId=klru2da&logNo=130104742161&proxyReferer=https%3A%2F%2Fwww.google.com%2F

https://www.researchgate.net/journal/0309-0566_European_Journal_of_Marketing

https://blog.naver.com/shoutjoy/221088478826

https://blog.naver.com/mbinzari/130182562219

mailto:%22ytpark@skku.edu%22

https://blog.lgcns.com/2044

http://isplus.joins.com/

http://www.elabor.co.kr/

http://www.kpc.or.kr/

https://biz.chosun.com/

https://www.yna.co.kr/

http://www.ksri.co.kr

https://pkleri.blog.me

https://terms.naver.com/

http://www.doopedia.co.kr

https://blog.naver.com/idcha2

저자 소개

손해경(Sohn, Hae-kyung) sohn5803@jeiu.ac.kr

- **現, 인천재능대학교 호텔관광과 전임교수**

- 한양대학교 일반대학원 관광학과 박사졸업(관광학 박사)
- 한양대학교 국제관광대학원 석사졸업(국제관광학 석사)

- 경희대학교 호텔관광대학 학술연구 교수 & 조교수
- 한양대학교 국제관광대학원 & 관광학부 외래강사
- 롯데디에프글로벌(주) (구, AK 글로벌) 인천국제공항 면세점 지배인
- 롯데백화점(주) 롯데문화센터장
- 현대 HCN 관악방송(구, 관악케이블TV) CS 강사
- CS특강 인천환경공단, 중소기업진흥공단 외 다수
- 現, (사)한국관광학회 이사, (사)대한관광경영학회 이사 및 편집위원
- 한국산업인력공단 관광분야 국가전문자격 필기시험 출제위원
- 한국산업인력공단 관광분야 국가전문자격 면접위원
- 인천재능대학교

: 특성화 육성사업 및 LINC+ 사업 사회맞춤형 프로그램 운영(2015~2018년)
: 중국 산동상업직업기술대학교, 여유관리과 공동학위 정규과정 강의(2016년~현재)

[연구분야]

- 관광 서비스 마케팅(관광자원)/서비스 인적자원
- 2017. Verifying the moderating effects of personality factors on the relationship between emotional labour and customer orientation. International Journal of Tourism Sciences, 17(1), 1-14p
- 2016. Relationship Between Perceived Risk, Evaluation, Satisfaction, And Behavioral Intention: A Case Of Local-Festival Visitors. (First author) Journal of Travel &Tourism Marketing, 33(1), 28-45p (SSCI Journal)
- 2012. Relationship between HEXACO personality factors and emotional labour of service providers in the tourism industry. (First author) Tourism Management, 33(1), 116-125p (SSCI Journal)
- 2015. 09 인천국제공항 면세서비스직원의 인식된 감정표현규범과 정서적 조직몰입 간 관계 연구. (주 저자) 관광연구, 30(5), 561～582 (KCI 등재)
- 2014. 10 아웃바운드 관광객의 감정과 구매활동 간 관계 연구: 관여도의 조절효과 검증. (단독) 관광연구, 29(4), 249-268 (KCI 등재) 외 다수(약 40여 편)
- 「연구과제수행」 정부 및 지자체(한국관광공사, 사행산업통합감독위원회 외 다수)

AI시대 New 서비스 매너

2020년 3월 10일 초 판 1쇄 발행
2020년 10월 20일 제2판 1쇄 발행

지은이 손해경
펴낸이 진욱상
펴낸곳 (주)백산출판사
교　정 박시내
본문디자인 오행복
표지디자인 오정은

등　록 2017년 5월 29일 제406-2017-000058호
주　소 경기도 파주시 회동길 370(백산빌딩 3층)
전　화 02-914-1621(代)
팩　스 031-955-9911
이메일 edit@ibaeksan.kr
홈페이지 www.ibaeksan.kr

ISBN 979-11-6567-164-8 13190
값 22,000원